KB039529

어포메이션

어포메이션

© 나비스쿨 2021

발행일 2021년 11월 15일 1판 1쇄 발행
         2023년 10월 10일 1판 9쇄 발행
펴낸이 조우석
펴낸곳 나비스쿨
기획 책추남TV 조우석
디자인 studio J
인쇄 예원프린팅

등록 2020. 9. 22 No.2020-00008
주소 서울특별시 성북구 돌곶이로 40길 46
이메일 navischool21@naver.com

ISBN 979-11-973894-2-9 (03300)

삶 에 기 적 을 일 으 키 는 질 문 법

어포메이션

"노아의 방법은 지난 수십 년 동안의 성공학 연구 가운데서 가장 두드러진 도약 중 하나이다. 성공에 대한 두려움을 없애고 꿈꾸던 삶을 살기 원한다면, 그의 프로그램에 참가해야 한다."

_ 잭 캔필드, 〈영혼을 위한 닭고기 수프〉의 저자

"노아는 유머와 실제적인 언어를 사용하여 당신이 원하고 또 당신에게 합당한 삶을 사는 방법을 단계별로 설명한다."

_ 존 그레이 박사, 〈화성에서 온 남자, 금성에서 온 여자〉의 저자

"노아 세인트 존은 우리 모두가 이해하기 원하는 것, 즉 삶과 진로를 최대한 활용하는 법을 설명한다."

_ 하비 맥케이, 〈상어와 함께 수영하되 잡아먹히지 않고 살아남는 법〉의 저자

"노아 세인트 존의 책은 우리가 반드시 알아야 하는 것(우리는 무한한 잠
재력을 지닌 진정으로 능력 있는 존재라는 것)을 발견하게 한다."

_ 스티븐 코비, 〈성공하는 사람들의 7가지 습관〉의 저자

"노아의 충고를 마음으로 받아들이지 않고는 당신이 꿈꾸던 성공을
찾을 수 없다."

_ 하브 에커, 〈백만장자 시크릿〉의 저자

"노아는 성공을 수용하는 문제에 관해 자신이 사람들에게서 정확하
게 짚어낸 엄청난 통찰을 제공하는 사람이다."

_ 닐 도날드 월시 〈신과 나눈 이야기〉의 저자

이십 대 초반, 나의 첫 멘토께서 "나의 말이 나의 생각이 되고, 나의 생각이 나의 감정이 되며, 나의 감정이 내가 추구하고 행동할 것을 결정한다"는 말씀을 해 주셨다.

그때까지 나는 머릿속에서 이루어지는 내면의 대화에 별 관심을 기울이지 않았다. 솔직히 나는 성공이든 실패든 모든 것이 그 사람 속에서 이루어지는 자기와의 대화와 생각에서 시작된다는 것을 전혀 모르고 있었다.

그렇지만 나 자신의 생각이 가진 잠재력을 알고 나서는 즉시 긍정적으로 생각하는 태도를 실천하기 시작했다. 그리하여 나 자신에게, 또는 친구에게 부정적으로 말하거나 생각하게 될 때마다 즉시 태도를 바꾸어 긍정적인 메시지로 바꾸었다.

매일 나는 긍정적인 확언을 반복하면서 시각화 기법을 적용하여 그

동안 가지고 있던 그릇된 생각을 지우고 긍정적으로 뇌를 훈련했다.

그때는 내 두뇌에 제공하는 긍정적인 재료의 효과가 어떨지 진정으로 확신하진 못했지만, 부정적인 자세로 나의 미래를 확신하지 못하고 불안해하는 것보다는 낫다고 생각했던 것으로 기억한다. 그런데도 즉각적으로 성공이 가속화하기 시작했고, 그러한 성공은 지난 30년 동안 멈추지 않고 있다.

노아 세인트 존의 〈어포메이션〉 4판을 읽으면서 그가 뇌에 관한 현대의 새로운 지식 가운데 최고의 것들을 뽑아 새로운 시스템을 만들어 내는 것에 감탄이 터져 나왔다. 이 시스템은 우리가 의심과 두려움, 불확실함에 귀를 기울임으로써 좌절하지 않고 오히려 자신이 원하는 목적을 달성할 수 있는 이유와 방법을 생각하게 만들어 준다.

과거에는 확언이 효과적인 방법이었다면, 지금은 어포메이션이 효과적인 방법이다.

　성공에 이르는 길이 꼭 어려울 필요는 없다. 이 책에서 가르치는 것을 따르라. 그러면 건강과 대인 관계, 사업 등 인생의 모든 영역에서 비약적인 발전을 이루는 일이 얼마나 쉬운지 발견할 것이다.

　　　　이 책에 소개된 이야기는 당신의 가슴을 뜨겁게 할 것이며, 당신이 꿈꾸는 것 이상의 성공을 거두게 할 이야기가 당신에게도 있음을 깨닫게 할 것이다.

과거에는 확언이
효과적인 방법이었다면,
지금은 어포메이션이
효과적인 방법이다.

　　　　그러나 한 가지 주의할 점이 있다. 이 책은 단숨에 읽고 끝내는 책이 아니다. 몇 페이지를 읽고 멈추어 읽은 내용을 실천에 옮길 방법을 생각하기 바란다. 이 놀라운 책을 읽으면서 이런 방법을 반복해야 한다.

노아의 방법을 실천하는 능력이 정말로 당신의 삶을 변화시킬 수 있고, 또 당신이 진정으로 원하고 성취할 수 있는 최고의 작품을 만들어 내도록 도와줄 것을 알기에 진심으로 이 책을 추천한다!

당신이 계속 성공하기를 바라며
존 아사라프
(뉴욕 타임스 베스트셀러 저자 및 Praxisnow.com CEO)

다시 출간하며

여러분 긍정적인 확언 좋아하시고 많이들 하시죠? '나는 매일 점점 더 나아지고 있다.' '나는 할 수 있다.' '나는 부자다.' '나는 행복하다.' 등등.

그런데 정말 제가 궁금한 점은 '여러분 정말 확언대로 되셨나요? 몇 분이나 확언에 성공하셨나요?' 하는 것입니다. 왜냐하면 저의 경우에는 오히려 확언이 잘 안되었거든요. 확언의 '역효과'라고나 할까요?

예를 들면 이런 식이었습니다. '나는 할 수 있어! vs (그런데 못했던 것들도 많잖아!)' '나는 부자야! vs (내 통장 잔고가 얼마 남았더라?)' '다 잘될 거야! vs (글쎄, 지금 안되고 있는 거 같은데?) 등등…. 확언대로 안 되니까 더 좌절하고 더 깊이 낙망했던 경우가 훨씬 많았던 것 같습니다. 하다가 얼마 안 가 그만두고, 그래도 아쉬우니까, 또 루이스 헤이나 에밀 쿠에 같은 세계적인 대가들이 확언하라고 하니까 다시 해 보다가 또 좌절하고…. 책추남 표현대로라면 미운 오리 새끼, 애벌레 게임, 즉 거짓 나의 에고 게임을 쳇바퀴 돌듯 뱅뱅 돌고 있었던 것이지요. 무엇이 잘못 되지도 모른 채, 하던 방식대로 희망과 좌절을 반복하고 있었습니다.

그러다가 이 책을 읽고 그 이유를 마침내 명료히 깨달았습니다. 자동차로 비유해 보자면, 그동안 했던 확언의 방식은 마치 엑셀과 브레이크를 동시에 밟으면서 어떤 방향으로 자동차가 달리기를 바라고 있었다는 것을 알아차린 것입니다.

앞서 예를 들었듯이, '나는 행복해! 나는 부자야!'라고 확언을 하지만 우리 내면의 잠재의식에서는 작용 반작용의 법칙을 따라 '그런데 지금 불행하잖아! 지금 가난하잖아!'라고 즉각적으로 브레이크를 밟는 말, 다시 말해 확언에 반대되는 저항하는 생각이 동시에 튀어나온다는 사실을 분명히 알아차리게 된 것입니다.

정신의학자 칼 융이 무의식과 의식의 영향력이 마치 바다와 그 위에 떠 있는 코르크 마개와 같다고 말한 비유를 떠올려 보면, 이런 방식의 확언이 왜 효과가 없었는지 분명히 알 수 있습니다. 의식과 무의식이 서로 반대 방향을 향하고 있을 때, 절대로 자동차가 앞으로 나갈 수 없다는 것을, 오히려 의식적 방향이 아닌, 무의식이 향하는 방향으로 갈 가능성이 높다는 것을 깨닫게 된 것입니다.

따라서 의식과 무의식이 같은 방향으로 정렬될 때, 즉 브레이크를 밟지 않고 엑셀만 밟을 때, 자동차가 우리가 원하는 방향으로 매끄럽게 달릴 수 있게 된다는 것을, 바로 이런 조건이 갖추어 질 때에만 비로소 확언이 효과를 발휘하게 된다는 것을 알게 된 것이지요.

책추남이 1만 권이 넘는 독서와 그동안의 다양한 인생 경험을 통해 간신히(?) 깨닫게 된 자신이 진정으로 원하는 '꿈과 비전을 현실화하기'의 간략한 3단계는 다음과 같습니다.

1단계: 진정한 꿈과 비전 분별하기

− 내가 가진 꿈과 비전이 내 안의 미운 오리 새끼, 애벌레로 비유할 수 있는 거짓 나인 에고(ego)의 욕심과 욕망으로부터 연유하는가? 아니

면 백조, 나비로 비유할 수 있는 참 나인 셀프(SELF)로부터 연유하는가를 먼저 분별할 수 있어야 합니다.

2단계: 꿈과 비전이 모두 온전히 이루어졌을 때의 미래를 상상하며, 그 순간을 생생히 느끼기

— 만약 자신의 꿈과 비전이 '참 나(SELF)'의 진정한 꿈과 비전이라면, 이 꿈과 비전이 120% 이루어졌을 때의 '느낌'을 생생히 느끼는 것이 중요합니다(이 부분이 바로 린 그라본의 저서 『여기가 끝이 아니다』의 핵심 통찰이지요).

3단계: 지금 이 순간에 온전히 몰입하기

꿈과 비전이 성취된 미래 순간의 그 느낌을 상상을 통해 생생히 느끼면서 지금 이 순간에 온전히 몰입하며 살아가는 것, 이것이 '꿈과 비전을 현실화하기'의 3단계입니다.

바로 '어포메이션'은 이 3단계를 효과적으로 실행할 수 있도록 도와주는 단순하지만 파워풀한 혁신적인 자기 확언법입니다.

저에게 가장 단순하게 어포메이션을 정의해 보라고 한다면 '미래에서 현재로 질문 형태로 하는 확언'이라고 말씀드릴 수 있을 것 같습니다.

'나는 어떻게 하면 행복하게 성공할 수 있을까?'와 같이 현재에서 미래로 하는 질문이 아닌, 이미 성취된 미래에서 현재로 하는, '나는 어떻게 이렇게 행복하게 성공할 수 있었을까?' 형식의 어포메이션이 효과적인 이유는 다음과 같습니다.

불필요한 무의식적 저항 없이 우리가 원하는 꿈과 비전이 이루어진 느낌을 느끼도록 하는 상태에서 우리 스스로에게 질문을 던지면, 우리는 뇌는 의식적, 무의식적으로 그 질문에 대한 답을 찾기 위해 자동적으로 반응하게 됩니다. 즉 우리의 마음은 스스로 던진 질문에 대한 답을 끊임없이 찾아내는 자동 메커니즘으로 작동하면서, 우리가 원하는 미래를 현실화해 나가는 것이지요.

정말 무릎을 '탁' 치게 만드는 탁월한 접근법이 아니라 할 수 없습니다! 그렇기에 『성공하는 사람들의 7가지 습관』의 저자 스티븐 코비, 『신과 나눈 이야기』의 저자 닐 도널드 월시, 『화성에서 온 남자 금성에서 온 여자』의 저자 존 그레이, 『내 영혼을 위한 닭고기 수프』의 저자 잭 캔필드 등 기라성 같은 인물들이 본서 어포메이션을 입을 모아 추천하고 있는 것 같습니다.

많은 자기 계발서들이 있지만, 제대로 된 길을 통합적으로 보여주는 자기 계발서들은 참 드문 것 같습니다. 진정한 시크릿의 핵심 지혜를 우리가 '책추남TV의 좋은 책 살리기' 첫 프로젝트로 함께 되살려낸 『여기가 끝이 아니다』를 통해 얻을 수 있었듯이, 본서 어포메이션을 통해서도 멋진 지혜와 통찰을 얻으실 수 있기를 바랍니다.

본서의 출간 과정 스토리도 흥미롭습니다.

정신의학자 칼 융은 '의미있는 우연의 일치'를 가리켜 동시성 (Synchronicity)이라고 이름 붙였습니다. AI, 메타버스라는 단어들로 대변되는 4차 산업 혁명 시대는 급변하고 다변화하고 있어 미래 예측이 점점 어려워질 뿐 아니라, 이에 따라 우리 인생도 넘쳐나는 정보들 속에 눈이 뱅뱅 돌 정도로 혼란스러워지고 있습니다. 이에 많은 이들이 입을 모아 우연의 힘, 동시성의 활용에 대해 강조하고 있는 추세인 것 같습니다.

서점가를 보면 『럭키』, 『세렌디피티 코드』 등과 같은 책들이 출간되고 또 베스트셀러로 자리매김해 가는 것을 보면 이러한 흐름을 실감할 수가 있지요. 책추남도 이러한 우연의 힘인 동시성을 실용적이고 실제적으로 활용하는 법을 담은 『행운 사용법』, 『미라클 인사이트』와 같은 책들을 펴내기도 했답니다.

정말 재미있게도, 이 동시성을 따라 본서『어포메이션』에 대한 여러 구독자분들의 출간 요청을 받고 '이 책을 다음 프로젝트로 하면 어떨까?'라고 생각하는 동안, 놀랍게 '어포메이션의 작가' 노아 세인트 존이 일면식도 없는 제게 페이스북(참고로 저는 페이스북을 잘 사용하지 않는 편입니다. 그럼에도 불구하고 우연성을 따라 제게 메시지가 전해진 것이지요)을 통해 메시지를 보내 왔습니다.

이 우연하게 시작된 대화의 시작으로 저는 '책추남TV의 좋은 책 살리기 프로젝트'를 그에게 설명해 주었습니다. 그리고 노아 세인트 존은 새로운 책을 준비하기 위해 여러 리더들에게 '자유'에 대해 질문하고 있다며, 제게도 '자유'의 구체적인 정의에 대해 묻고, 주변의 리더들에게도 물어 달라고 해서 이에 대해 답변을 전해 주기도 하였습니다. 그리고 저는 이 신기한 동시성을 신호로『어포메이션』재출간을 마음먹었습니다.

이렇게 신비로운 동시성을 따라, 또 여러분들이 함께 투표해 주신 제목과 문구, 표지 디자인을 따라, 함께 꾸었던 꿈이 이렇게 어포메이션 재출간으로 현실화되었습니다.

책추남TV의 본격적인 '좋은 책 살리기 프로젝트'의 첫 번째 책 『여기가 끝이 아니다』가 여러분의 큰 성원으로 분야 베스트셀러를 기록하고 꾸준한 스테디셀러로 자리를 잡아가면서 많은 분들에게 알려질 수 있어서 참 기뻤습니다. 무엇보다도 '혼자 꾸면 꿈이지만 함께 꾸면 현실이 된다!'는 책추남TV의 한 모토처럼 우리가 함께 '절판 도서 되살리기'라는 꿈을 현실화할 수 있어서 참으로 감사합니다.

나비의 작은 날갯짓이 태풍을 일으키듯이 정말 좋은 책 한 권, 한 권을 널리 알림으로써 우리의 출판 문화를 바꾸고, 독서 문화를 바꾸고, 나아가 우리의 정신 문명을 변화시키는 것을 꿈꾸는 '책추남 나비 효과'. 앞으로도 여러분과 함께 이 멋진 꿈을, 이 나비 효과를 함께 꾸준히 일으켜 가면 좋겠습니다.

혼자 꾸면 꿈이지만 함께 꾸면 정말 현실이 됩니다. 그러니까 가능한 멋진 꿈들을 함께 자주 꿈꾸면 좋겠습니다. 진심으로 감사합니다!

– 기획자 책추남TV 코코치(Co-Coach) **조우석 올림**

contents

PART 1. 어포메이션이란 무엇인가?

PART 2. 어포메이션 방법

PART 3. 실제 삶을 위한 어포메이션

PART 4. 다음 단계

이 책을 어떻게, 왜 썼는가?

> **"모든 것은 질문에서 시작된다."**
>
> – 알베르토 망구엘

샤워를 하다가 최고의 아이디어가 떠올랐던 경험을 해 본 적이 있는가?

살다 보면 종종 그런 일이 일어난다. 샴푸통을 쥐고 사업을 생각하는데 갑자기 생각이 떠오른다.

모든 것을 바꾸어 놓을 아이디어,

골치를 썩이던 문제의 해결책,

계속 품고 있던 의문에 대한 답.

그것이 바로 내 앞에 나타났다!

1997년 4월 24일 뉴잉글랜드의 상큼한 봄날 아침이었다. 나는 작은 인문대학의 기숙사에서 지내며 종교학을 전공하고 있었다. 기숙사 방은 가운데 서서 팔을 벌리면 양쪽 벽에 손이 닿을 정도의 크기였다. 당시 나는 서른 살의 이혼남이었고 내 통장에는 800달러도 남아 있지 않았다. 앞으로 어떤 일을 해야 할지도 막막한 상태였다.

모든 것을 바꾸어 놓은 그 샤워가 있기 전날 밤, 작은 기숙사 방에 앉아서 콘크리트 벽을 응시하고 있을 때 세 가지 생각이 떠올랐다. 첫 번째 생각은 내 인생에 무언가가 크게 잘못되어 있다는 것이었고, 그것은 명확한 사실이었다. 두 번째 생각은 첫 번째 생각보다 더 많이 나를 괴롭혔는데, 그것은 내 인생을 바로 잡을 방법이 생각나지 않는다는 것이었다. 이 생각이

그날 밤 나는
내 인생에 무언가가
크게 잘못되어 있다는
것을 깨달았다.

나를 몹시 괴롭혔다. 그리고 세 번째 생각은 앞의 두 생각보다 더욱 괴로운 것으로, 누군가가 성공한다면 바로 내가 성공해야 한다는 것이었다. 그때까지 성공해 본 적이 없었기에 완전한 패배자라는 생각을 하고 있었다.

좀 더 설명하면 이렇다. 나는 부자 동네의 가난한 가정에서 자랐다. 우리 가족은 뉴잉글랜드에서 가장 부유한 지역 중 한 곳에서 살았지만, 찢어지게 가난했다. 정말 그랬다. 우리는 비포장도로 끄트머리에 있는, 완공도 되지 않은 집에서 살았다. 아홉 살쯤 되었던 어느 날 나는 어머니께 물었다.

"엄마, 엄마와 아빠는 왜 늘 돈 문제로 싸우시는 거예요? 그리고 우리는 왜 늘 마카로니와 치즈만 먹어야 되는 거예요?"

어머니는 수입이 넉넉지 않아 공과금을 내고 식료품을 사기에 부족해서 늘 싸운다고 대답하셨다. 그 말을 듣고 나는 무척 혼란스러웠다. 어머니와 아버지 두 분 다 늘 부지런히 일하시는 것을 봤기 때문이었다. 몇 주가 흘러도 우리는 아빠 얼굴을 보기 힘들었다. 아빠는 일주에 70-80시간 이상 일을 하셨기 때문이다. 어머니도 파트타임으로 일을 하셨다. 그래서 나는 다음과 같이 당연한 질문을 했다.

"왜 수입이 충분하지 않아요?"

나는 어머니가 정말로 그 질문에 어떻게 대답해야 할지 아셨기 때문에 가계부를 가지고 와서 월 수입과 지출을 보여 주셨다고 생각하지 않는다. 분명히 월말이 되기 전에 돈이 떨어지고 있었다.

그때 한 두 가지 결심은 나의 평생에 지대한 영향을 주었다. 첫째, 나는 부모님께 도움을 청하지 않고 가능한 한 빨리 독립하기로 결심했다. 지금 나는 그것이 어머니의 의도가 아니었다고 확신하지만, 아무튼 그 당시 나는 부모님께 부담을 드리지 않기 위해 아무것도 요청하지 않기로 했다.

두 번째 결심은 인생에서 성공하기로 한 것이었다. 물론 어떻게 성공할지는 고사하고 성공이 무엇인지조차 모르는 상태였다. 아무튼 나는 부족함과 두려움, 가난의 삶을 살지 않기로 했다. 그것이 내가 아는 전부였지만 그런 삶은 분명 내가 원하는 삶은 아니라고 확신했다.

『부자 아빠, 가난한 아빠』라는 책에 대해 들어보았을 것이다. 나의 아버지는 평생 죽도록 일을 하셨지만 어떻게 해야 성공하는지는 내게 가르쳐 주실 수 없었다. 달리 물어볼 사람이 없었기에 나는 도서관을 이용하기로 했다. 우선 자기계발서의 고전을 섭렵하기 시작했다. 데일 카네기, 나폴레온 힐, 웨인 다이어, 스티븐 코비 등이 쓴 책을 모두 읽었다. 그리하여 유년기 대부분을 도서관에서 보냈다. 책이야말로 내가 가난과 결핍, 두려움의 삶에서 도피할 길이었기 때문이다.

열심히 공부하며 학교생활도 잘하려고 했다. 인생에서 성공하는 최선의 길은 좋은 성적을 얻는 것이라고 생각했기 때문이다(모든 사람이 그렇게 이야기했다). 나는 모든 과목에서 A를 받아서 8학년을 건너뛰었고 반에서 1등으로 졸업했다. 대학도 전액 장학금을 받고 들어갔다. 고등학교를 졸업할 때쯤 부모님과 선생님, 친구들 모두 내가 크게 성공할 거라고 말해 주었다.

그러나 그 후로도 나는 줄곧 조그마한 기숙사 방에 앉아 있었다. 열심히 노력했음에도 계속 기회를 놓치고, 대인 관계에 실패하며, 통장에 있는 돈도 800달러가 못 되었던 것이다.

당시 나는 뭔가 빠진 것이 있다는, 피할 수도 없고 맥 빠지게 하는 느낌, 다시 말해 어떤 중요한 정보를, 성공의 문을 여는 비밀스러운 열쇠를 놓치고 있다는 생각을 떨쳐 버릴 수 없었다. 그러나 열심히 찾으면 찾을수록 답은 더 멀리 도망가는 것 같았다.

그 샤워가 있었던 날이 그랬다.

◆ ◆ ◆

모든 것을 변화시킨 그 샤워가 있기 전날 밤 중요한 일이 일어났다. 자그마한 기숙사 방에 앉아서 내 인생이 얼마나 초라한지 생각하며 방을 둘러보는데 무엇인가가 보였다. 실제로 많고 많은 것이 보였다. 내가 사는 기숙사 방의 벽은 노란색 종이로 뒤덮여 있었고, 그 종이에는 '나는 행복하다.' '나는 부자다.' '나는 좋은 사람이다.' 등의 긍정적인 말들이 수없이 많이 쓰여 있었다.

왜 기숙사 방 전체를 이런 긍정적인 말로 도배했을까? 그동안 내가 읽었던 자기 계발 서적들이 모두 그렇게 하라고 했기 때문이었다.

그날 밤 나는 그때까지 절대로 인정하려 하지 않았던 것을 인정하게 되었다. 그동안 나는 그런 긍정적인 말이 진리라고 스스로를 설득하려고 수없이 노력했지만 진심으로 믿지는 못했다. 나는 행복하고, 부유하고, 착하다고 믿으려 할수록 그 어느 것도 믿어지지 않았다. 솔직히 그런 긍정적인 말을 믿으려고 노력할수록 냉혹한 현실이 나를 응시하며 "오, 그래!"라고 빈정대는 것 같았다.

결국 나는 낙심하고 패배한 기분으로 불을 끄고 침대 속으로 들어갔다.

다음 날 아침에 여느 날처럼 샤워를 시작했다. 다만 이 특별한 날 아침에는 내 생각이 전날 밤부터 계속 이어지고 있다는 것이 달랐다. 내 머리에서 많은 질문이 튀어나오기 시작했다. 그 질문들은 단순했지만 심오한 것이었다. 만일 당신이 그 순간 내 머릿속에서 이루어지고 있는 것을 들을 수 있었다면 아마도 다음과 같은 내용이었을 것이다.

오랫동안 이와 같이 긍정적인 말을 나 스스로에게 해 왔는데
어째서 지금도 믿지 못하는 걸까?
그렇게 오랫동안 반복했는데도 이 긍정적인 말들을 믿지 않는다면
나 자신에 관한 좋은 것을 믿기 위해 어떻게 해야 할까?
내 삶을 변화시키는 더 쉬운 길이 있을 것이다.
그것은 과연 무엇일까?

바로 그때 나를 툭 친 것이 있었다(비누가 아니었다).

그 순간 깨달은 것은 나 스스로가 질문하고 그 질문에 대한 답을 찾고 있다는 것이었다. 동시에 나는 인간의 생각은 질문하고 그 질문에 대한 답을 찾는 과정임을 깨달았다.

그러면서 갑자기 하나의 질문이 내 머릿속에 생겼다. 그것은 모든 것을 바꾸어 놓는 질문이었다.

만일 인간의 생각이 질문하고 질문에 대한 답을 찾는 과정이라면, 믿지도 않는 말을 만드는 일에 매달리는 이유는 무엇인가?

섬광처럼 나타난 통찰 덕분에 나는 마침내 오랜 세월 동안 거듭 반복해 온 그 긍정적인 말들을 믿지 않았던 이유를 이해하게 되었다. 단순한 이유였다. 당연한 결과였다. 그제야 비로소 명백하게 이해할 수 있었다! 그 즉시 나는 그 긍정적인 말들을 아무리 오래, 그리고 자주 반복해도 소용이 없음을 깨달았다. 이 한 가지를 고치지 않는 한 내가 아무리 열심히 노력해도 아무 소용이 없음을 알게 되었다. 그다음 또 다른 생각이 들었다. 나와 같은 사람이 수없이 많다는 것이었다. 삶을 변화시키기 위해 정말 열심히 애쓰는 사람들은 그야말로 '법칙을 따르는' 사람들이다. 하지만 그들은 자신을 향한 긍정적인 말을 믿지 않기에 그토록 간절히 원하는 풍성한 삶을 얻지 못했다. 그 순간 이런 깨달음이

> 만일
> 우리 자신에게
> 올바른 질문을 하고
> 그릇된 질문을 멈춘다면
> 모든 것이 진정으로
> 변화될 것이다.

왔다. 만일 우리 자신에게 올바른 질문을 하고 그릇된 질문을 멈춘다면 모든 것이 진정으로 변화될 것이다. 그리하여 나는 처음으로 내 영혼 깊숙한 곳에서부터 내가 이 세상에서 해야 할 일을 알게 되었다.

그렇게 나는 1997년 4월 24일 아침에 샤워를 마쳤다. 그리고 이제는 모든 것이 변화될 거라 생각했다!

◆ ◆ ◆

모든 것을 변화시킨 그 깨달음 이후, 나는 즉시 컴퓨터 앞에 앉아서 네 단어로 이루어진 질문 하나를 타이핑했다. 그리고 컴퓨터 모니터에 적힌 그 단어들을 주시하며 다음과 같은 생각을 했다.

만일 이 질문에 담긴 진리를 받아들인다면,
그리고 그것이 사실인 것처럼 행동하기 시작한다면
나의 삶이 변화될 것이다.

그래서 또 하나의 질문을 썼다. 첫 번째 문장처럼 단순한 것이었다. 이어서 또 하나의 문장을 썼고, 또 하나의 문장을 썼다. 그렇게 질문이 꼬리에 꼬리를 물었고 나는 계속해서 써 내려갔다. 내 인생 처음으로 모든 것이 마침내 이해되었다.

질문을 몇 페이지 쓴 다음, 멈추어서 다시 모니터를 주시했다. 모니터에 적힌 말들은 그 전까지 읽고 듣고 쓰고 말한 긍정적인 말과 달랐다. 그렇게 생각한 이유는 지금까지 평생 찾고 공부하는 동안 누구도 이런 식으로 생각을 정리하는 것을 본 적이 없었기 때문이었다.

'정말 좋다!'라는 생각이 들었다. '이제까지 누구도 이런 생각을 해보지 않았을 거야.' 그때 또 한 가지 생각이 나를 멈추게 했다.

이제 나는 무엇을 해야 하는가?

하지만 나는 아직 이 질문에 대한 답을 가지고 있지 않았다. 그래서 모든 것을 변화시킨 그 샤워 후에 내 삶이 변하기 시작했음을 알면서도 여전히 어떻게 바꾸어야 할지 몰랐다. 나는 30년간의 종교학 전공을 버리는 일을 시작으로 내가 발견한 것들에 집중했고, 그리하여 드디어 그것을 어떻게 해야 할지 찾을 수 있었다.

6개월이 지난 1997년 10월 20일, 나는 내 삶을 변화시키는 두 번째 깨달음을 얻게 되었다. 그때 나는 내가 '성공 거부증'이라고 이름 붙인 어떤 상태가 사람들로 하여금 자신이 이룰 수 있는 성공에 이르지 못하도록 억제한다는 것을 알게 되었다. 이때 발견한 것을 『성공 허용』(Success Anorexia)이라는 책으로 출판했고, 이어서 다른 책들과 세미나, 워크숍, 마인드 마스터 프로그램 등으로 발전시켜 사람들에게 더 풍성한 생활 방식을 가르쳐

이제 나는 무엇을 해야 하는가?

서 한 발로 브레이크를 밟으면서 달리는 삶을 멈추게 하였다.

나는 세미나와 강의, 책, 프로그램 등을 통해 모든 것을 변화시킨 그 샤워 도중 발견한 것과, 질문을 바꾸고 결과를 바꾸어 삶을 바꾸도록 내가 창안한 네 단계 방법을 가르쳤다(이 네 단계는 이 책 2부에서 소개할 것이다). 시간이 흐르고, 또 책과 TV 인터뷰, 워크숍, 온라인 이벤트를 통해 내가 만든 방법들을 가르치면서 놀라운 일들이 일어나기 시작했다. 전 세계에서 사람들이 카드와 편지, 이메일을 보내 왔고, 소셜미디어로 자신의 이야기를 소개했으며, 그 간단한 방법을 사용하여 얻는 놀라운 결과들을 세미나와 마음 관리 그룹에서 털어놓았다. 결과는 이런 것이었다.

- 직장에서 전혀 가능성이 없다고 생각했는데 승진했다
- 오랫동안 매출이 정체되어 있었는데 사업이 잘되기 시작했다
- 수입이 다섯, 여섯, 일곱, 아니 여덟 자리까지 올랐다
- 온갖 다이어트와 운동 프로그램이 효과가 없었는데 드디어 체중이 줄기 시작했다
- 대인 관계를 포기했었는데 꿈에 그리던 사람을 만났다
- 오랫동안 꿈꾸어 온, 집에서 하는 사업을 시작했다
- 오랫동안 마무리 짓지 못했던 책을 완성했다
- 깨어졌던 가족 관계가 치유됐다
- 온갖 시도를 해도 실패했던 금연에 성공했다

- 약을 먹고 치료해도 안 되던 불면증이 해결됐다
- 학생들의 성적이 놀라운 속도로 향상되었다
- 골프 및 기타 스포츠에서 우승했다

이러한 경험을 한 사람들은 친구에게 자신의 경험을 말하기 시작했고, 그 친구는 또 다른 친구에게 말하는 일이 계속 이어졌다. 이렇게 하여 어포메이션 혁명이 시작되었다.

이 모든 것이 내가 샤워 중에 했던 간단한 질문에서 시작되었다.

◆ ◆ ◆

이 책은 이런 사람들을 위해 쓴 것이다.

- 더 행복하고 건강하고 부유한 삶을 살기 원하는 사람
- 돈 걱정 없는 삶을 원하는 사람
- 꾸물대거나 자기 자신을 의심하거나 과식하는 등의 나쁜 습관을 극복하기 원하는 사람
- 건강과 자신감을 빠르고 쉽게 키우기 원하는 사람
- 직장이나 사업에서 더 많은 돈을 벌기 원하는 사람
- 신앙과 가정, 직장 생활이 조화를 이루기 원하는 사람
- 일에서 더 많은 의미와 열정을 찾고 싶은 사람

- 오랫동안 찾던 이성에게 매력적으로 보이기 원하는 사람
- 억눌림에서 벗어나 자유로워지고 싶은 사람
- 더 풍요로운 삶을 살기 위해 더 쉽고 빠르고 스트레스가 적은 길을 찾는 사람

이 책은 당신이 오랫동안 찾던 질문에 대한 답을 제시한다. 그리고 당신이 가지고 있으면서도 이제까지 알지 못했던 답을 제공한다.

처음부터 끝까지 이 책을 즐기기 바란다. 이 책이 소개하는 방법을 친구와 가족, 직장 동료에게 소개하기 바란다. 그리고 당신 앞에 새롭고 풍성한 삶이 기적처럼 펼쳐질 때 환호할 준비를 하라.

나는 당신을 믿는다!

노아 세인트 존
(어포메이션 창안자, SuccessClinic.com 설립자)

"질문은 당신이 보는 것이 아니라 당신에게 보이는 것이다."

— 헨리 데이비드 소로우

1. 책 전체를 읽는다

당신이 바쁘다는 걸 잘 알고 있다. 그래서 이 책을 이해하기 쉽고, 한 단계 한 단계 전개하는 방식으로 썼다. 두뇌가 가진 천부적 능력을 발휘하여 당신이 바라는 것을 더 빨리 더 쉽게 더 편하게 찾아내는 방법에 관한 기초 과정으로 생각하라.

또한 이 책을 어디든 가지고 다니면서 종일 참고할 수 있도록 디자인했다(10번 이하를 보라). 그래서 이 책은 요즘처럼 바쁜 사람들이 가지고 다니기 좋은 책이다.

2. 책을 내려놓고 생각한다

이 책 전체를 읽은 후에는 잠시 내려놓는 것이 좋다. 산책을 하고, 하늘을 바라보라. 숨을 깊게 들이마셔라. 새로운 아이디어들이 들어오게 하라.

새로운 생각과 창의적인 아이디어가 생기면 어포메이션 일기를 쓰기 시작하고 그것을 기록으로 보관하여 실천하라.

'가장 희미한 기록도 가장 좋은 기억보다 낫다.'라는 옛 속담을 기억하라.

3. 특별하게 다가온 문장에 표시를 한다

이 책에서 당신에게 강렬한 느낌을 주는 아이디어나 구절, 질문이 나오면 나중에 찾아 볼 수 있도록 밑줄을 치거나 표시를 해 두라. 이 책에는 내가 어떤 활동을 하도록 요구하는 부분이 있다. 반드시 그 지시를 따르도록 하라. 그러면 큰 유익을 얻게 될 것이다.

나는 이 방법을 50여 개국 수만 명에게 가르쳤고 그 경험을 통해 모든 것을 구상했다. 또한 당신의 목적을 더 빨리 이루도록 도와줄 지름길과 피해야 할 위험을 찾아냈다.

밑줄 친 곳 옆에는 날짜를 적어 두라. 그러면 나중에 이 책을 다시 볼 때마다 당신이 어느 정도 발전했는지 알 수 있을 것이다. 이것은 또한 당신의 발전을 무의식적으로 생각하게 하는 강력한 기억 장치가 될 것이며, 당신의 자신감을 일깨워 목적을 향해 계속 나아가게 할 것이다.

4. 이 책의 질문을 자신의 안내자로 삼되
거기에 제한받지는 않는다

이 책은 당신의 삶을 변화시키는 데 사용할 강력한 질문의 예를 수백 가지 제시할 것이다. 그러나 당신이 사용할 수 있는 강력한 질문은 무한하기 때문에 이 책에서 제시하는 질문에 제한받을 필요는 없다. 오히려 그것을 발판으로 사용하여 당신 자신의 목적과 소원에 적합한 자신만의 어포메이션을 만들기 바란다.

앞에서 말했듯이 2부에서는 강력한 어포메이션을 사용하여 당신의 삶을 변화시키는 네 단계 방법을 배울 것이다. 지금 당신이 하는 질문은 당신의 삶을 창조한다. 그리고 나는 당신을 위해 엄청난 능력을 이끌어내는 방법을 보여 줄 것이다!

5. 이 방법을 48시간 안에 2회 이상 친구들에게 소개한다

연구에 의하면 당신이 이 방법을 48시간 안에 두 번 이상(한 번은 사랑하는 사람에게, 다른 한 번은 직장 동료나 동업자와) 나눌 때 이를 자신의 삶에 완전히 흡수하여 활용하는 데 도움이 된다.

이 외에도 이 방법을 친구나 동료와 나누면 이전의 맥빠지게 하는 사고방식으로 돌아가기가 훨씬 어려워진다. 지금 당장 이 과정을 시작하면서 이 방법을 나누고 싶은 사람들(가족과 친구, 직장 동료 등)을 생각하라. 그런 다음 이것이 아직 머릿속에 생생한 48시간 안에 그들을 직접 만나거나 SNS를 통해 나누라.

> 이 방법을
> 다른 사람들과 공유하면
> 이를 자신의 삶에 완전히
> 흡수하여 활용하는 데
> 도움이 된다.

6. 이 방법을 있는 그대로 단순하게 유지한다

내가 진행하는 세미나와 마인드 마스터 그룹에 참여한 사람들은 가끔 어포메이션 방법이 너무 단순하다는 것 때문에 당황한다. 어포메이션을 제대로 사용하기 시작하면 때때로 그것이 제대로 작용하지 않는 것 같은 느낌이 들 수 있기 때문이다.

그러나 사실은 우리 대부분이 원하는 것을 이루기 위해서 '열심히 노력해야 한다'는 생각에 물들어 있기 때문에 열심히 노력하지 않는 것이 직관에 거슬리는 것이다.

그래서 가장 어려운 일은 어떤 일이 일어나도록 그냥 내버려두는 것일 때가 있다.

물론 일반적으로는 우리가 원하는 것을 얻기 위해서 열심히 노력해야 한다는 것이 사실이다. 예를 들어 새집을 짓기 원할 경우, 집이 마술처럼 저절로 나타나지는 않는다. 적절한 기술과 숙련된 행위로 집을 지어야 한다.

그러나 인생에서 가장 희귀하고 소중한 것 대부분(예를 들면 사랑, 평화, 평온, 기쁨, 행복 같은 것)은 우리가 '열심히 노력하는 것'이 아니라 그것이 이루어지도록 '허용'하기 때문에 이루어진다. 그러므로 이 방법도 그와 같이 단순해야 한다.

7. 단순한 것과 쉬운 것의 차이를 기억한다

이 둘은 서로 상반되는 것처럼 들릴 수 있지만 사실은 그렇지 않다, 단순한 것과 쉬운 것 사이에는 중요한 차이가 있음을 기억해야 한다. 단순하다는 것은 복잡하거나 복합적이지 않으며 이해하기 어렵지 않다는 의미이다. 쉽다는 것은 별로 또는 전혀 노력하지 않고 성취한다는 의미이다. 단순한 것이 반드시 쉬운 것은 아니다. 실제로 우리 산업계의 가장 큰 문제 가운데 하나는 사람들이 종종 단순한 것과 쉬운 것을 혼동하는 것이다.

예를 들어 케이크를 굽는 일은 단순하면서 쉽다. 정리된 레시피를 따라 하기만 하면 원하는 결과를 얻을 수 있다. 다시 말해 레시피를 따르면 성공할 가능성이 매우 높다. 그러나 중요한 개인의 목표(체중을 줄이거나 산을 오르거나 책을 쓰는 것 등)를 이루는 것은 이론상으로는 단순하지만 정교한 노력과 체계적인 행동이 있어야 성취할 수 있다. 그러므로 이런 개인적 성취는 '쉬운 것'으로 간주되지 않는다.

> 단순한 것과 쉬운 것에는 중요한 차이가 있다.

우리는 어떤 것에 빨리 성공하면 자연스럽게 스스로를 대단하다고 느낀다. 하지만 이것은 종종 "초보자의 행운"이라고 불린다. 진정한 평가는 우리의 결심을 시험하는 문제에 부딪혔을 때 그것을 포기하는가, 아니면 계속하는가로 결정된다.

전 세계의 고객 수천 명이 어포메이션으로 자신의 삶을 단기적으로, 혹은 장기적으로 변화시킨 이야기를 나에게 전해 주었다. 그러나 어포메이션 방법이 너무도 단순한 동시에 놀랍도록 효과적이라고 해서 원하는 결과를 얻기 위해 아무 일도 하지 않아도 된다는 뜻은 아니다. 정리하면 이렇다. 어떤 결과를 원한다면 무언가를 해야 한다. 특정한 행동을 취해야 한다. 나는 "돈을 생각하기만 하라. 그러면 돈이 쏟아져 들어올 것이다!"라고 말하는 사람들과 다르다. 그런 일은 절대로 일어나지 않는다. 당신의 인생에서 특별한 결과를 얻기 원한다면 이제까지 생각하고 말하고 실천했지만 도움이 되지 않았던 것을 버려야 한다. 그리고 인생에 대해 가지고 있던 지금까지의 가정들을 진지하게 검토하고 그 결과에 따라 당신의 행동을 바꿀 각오를 해야 한다. 당신이 만일 어포메이션 네 단계를 따른다면, 그리고 장애와 침체가 와도 포기하지 않는다면 이를 사용한 많은 사람들처럼 당신도 놀라운 결과를 얻을 것이다.

당신의 결심이 문제에 부딪혔을 때 당신은 그것을 포기할 것인가, 계속 추진할 것인가?

8. 실천한다

누군가 체중을 줄여 날씬한 몸을 만들기 원한다고 하자. 그 일은 관련 도서를 읽는 것으로 이루어지지 않는다. 누군가 집을 짓기 원한다고 하자. 그 사람이 아무리 설계도를 뚫어지게 바라본다 해도 실제로 집을 짓는 노력을 하지 않으면 집은 결코 완성되지 않는다. 집을 짓기 위한 지침을 따르고 그에 맞는 행동을 해야 한다.

그렇다. 시간과 실천과 노력이 있어야 한다. 이렇게 하면 더 건강한 몸, 새집 등 원하는 무엇이든 이룰 수 있을 것이다. 아울러 이루어진 일로 인한 만족감도 얻게 될 것이다.

> 다이어트 책을 읽는 것만으로는 체중을 줄일 수 없다. 그에 맞는 행동을 취해야 한다.

어포메이션 작용 원리도 이와 동일하다. 당신이 경험하게 될 유익이 당신이 투자하게 될 시간과 노력보다 훨씬 클 것이다. 그래서 나는 당신이 이 책을 읽고 여기서 말하는 대로 따르면서 어포메이션 일기를 쓸 것을 강력하게 권고한다.

9. 당신의 경험을 나와 공유한다

나는 당신의 어포메이션 성공 스토리를 듣고 싶다! 당신이 누구이든 어디에 살든 당신의 스토리를 어포메이션 웹사이트(www.Afformation Nation.com)에 소개할 수 있다. 여기에는 어포메이션으로 자신의 삶을 변화시킨 사람들이 소개한 사진, 동영상, 성공 스토리가 있다. 다른 사람들의 경험과 이 방법을 사용하여 문제를 극복한 이야기를 읽으면 큰 감동을 받을 것이다. 또한 전 세계의 어포머들을 만날 기회도 얻게 될 것이다(어포머란 어포메이션을 사용하는 사람, 어포메이션 혁명 회원, 어포메이션 방법을 친구와 가족, 직장 동료에게 소개하는 사람을 가리킨다). 게다가 완전 무료다! 우리의 성실한 스태프들과 나 역시 이곳을 통해 당신이 질문하거나 지원을 요청하거나 다음 단계의 교육을 원하거나 자신과 가족을 위해 더 풍성한 삶을 창조하기 원할 때 당신을 적극 도울 것이다. 관련 홈페이지는 다음과 같다.

- NoahStJohn.com: 홈스터디 프로그램, 비디오, 책, 개인 코칭, 마인드 마스터 그룹 등
- Afformations.com: 어포메이션 무료 동영상 교육
- iAfform.com: 다른 일로 분주한 사람들이 자신의 진짜 욕구를 찾도록 돕는 어포메이션 녹음

10. 40일 동안 매일 아침 이 책을 펴고 그날의 어포메이션을 선택한다

매일 아침
이 책을 펴고
그날의 어포메이션을
선택하라.

독자들은 종종 아침에 어포메이션 책을 펴고 눈이 가는 대로 '무작정' 어포메이션을 선택한다고 말한다. 그러면 그것이 정확히 그날에 필요한 어

포메이션이라는 것이다! 앞으로 40일 동안 이런 연습을 해 보라. 그런 다음 다시 40일 동안 그렇게 하라. 그와 같이 단순한 행위가 일으키는 큰 변화에 놀라게 될 것이다.

11. 세상에서 가장 중요한 두 가지 일을 명심한다

세상에서 가장 중요한 첫 번째 일은 '당신이 다른 사람을 축복하는 사람이 되는 것'이고, 두 번째로 중요한 일은 '당신 자신이 성공하도록 허락하는 것'이다. 다른 사람을 축복하면서 당신 자신도 축복하라. 자신이 성공하도록 허락하면서 다른 사람의 성공도 허락하라.

> 어포메이션을 사용하면서 당신의 삶에 더 많은 풍요가 더 빨리, 그리고 쉽게 나타나게 하라.

어포메이션을 사용하면서 더 많은 풍요가 자신의 삶에 자신의 생각보다 더 빨리, 그리고 쉽게 나타나도록 허락하라. 당신이 받은 선물을 다른 사람들과 나누고, 당신의 삶과 주위 사람들의 삶이 변화되는 것을 관찰하라. 그렇게 협력함으로써 우리는 세상을 변화시킬 수 있다.

P. S. 당신의 성공 스토리를 내가 다음에 쓸 어포메이션 책에 소개할 수 있기 바란다.

PART 1

어포메이션이란 무엇인가?

1

당신의 삶에 무엇이 빠져 있는가?

> **"내가 하는 모든 말은 확언이 아니라
> 질문으로 이해되어야 한다."**
>
> **– 닐스 보어**

당신의 삶을 변화시키기 원하는가? 다음과 같은 것을 원하는가?

- 매일 하는 선택을 제대로 하기
- 가족과 함께 보낼 수 있는 더 많은 여유 시간

- 더 만족스러운 직장 생활
- 좋은 것을 살 수 있는 더 많은 돈
- 더 활기 넘치는 건강
- 깊고 편안한 잠
- 스트레스 줄이기
- 더 행복한 인간 관계
- 일에서 더 만족을 누리는 것
- 더 나은 사랑
- 지금보다 더 풍요로운 생활

물론 당신은 이런 것을 누릴 수 있다. 그래서 당신이 이 책을 읽고 있는 것이다.

아마도 당신은 이런 종류의 책을 처음 읽는 것이 아닐 것이다. 앞에서 열거한 것 같은 결과를 얻기 위해 많은 노력을 해 왔을 것이다. 그렇다면 한 가지 질문을 하겠다.

삶을 변화시키기 위해 당신은 어떤 일을 했는가?

당신이 내가 세미나에서 만났거나 마인드 마스터 그룹에서 코치한 수많은 사람과 비슷하다면 당신은 아마도 지금까지 이런 일을 시도했을 것이다.

- 자기 계발 서적을 읽는다

- 개인 성장 프로그램에 등록한다

- 세미나와 집회에 참석한다

- 자신의 소통 능력과 대인 관계 기술을 개선한다

- 새로운 다이어트법이나 운동 프로그램을 시작한다

- 헬스클럽에 다닌다

- 자신의 목표를 글로 적는다

- 비전 선언문을 작성한다

- 확언이나 긍정적인 말을 사용한다

잠깐, 마지막이 무엇이었는가?

당신이 자기 계발 서적을 읽거나 개인 성장 프로그램에 참여한 적이 있다면 확언이나 긍정적인 말로 자신의 삶을 변화시키려는 시도를 해 보았을 가능성이 높다. 연구에 의하면 그동안 수백만 명이 긍정적인 말에 대해 쓰고 말하고 들어 왔다. 그러므로 처음부터 살펴보자.

질문: 왜 그렇게 많은 사람이 긍정적인 말에 대해 쓰고 말하고 듣는다고 생각하는가?

대답: 그렇게 하라고 들었기 때문이다.

그동안 크게 성공한 사람들은 수많은 사람들에게 자신의 삶을 바꾸

려면 긍정적인 말을 사용해야 한다고 말했다. 이
방법을 따르라고 가르친 사람들은 누구인가?
나는 그들을 "전통적인 성공 강사"라고 부르
겠다. 그들은 책과 세미나, 강의, 영화 등을 통
해 우리 삶을 변화시키려면 긍정적인 말을 사용
해야 한다고 가르치는 또 다른 "전통적인 성공 강사"
가 있다고 말했다. 그래서 우리는 당연히 그것도 시도했다. 그것은 다
음과 같은 질문을 하게 한다.

연구에 의하면
그동안 수백만 명이
긍정적인 말에 대해
쓰고 말하고
들어 왔다.

질문(정말 중요함): 긍정적인 말이 실제로 우리의 삶을 변화시켰는가?
대답: 물론이다.

긍정적인 말이나 확언이 수많은 사람의 개인적, 직업적 목표를 이
루는 데 도움이 되었다는 것은 의심의 여지가 없다. 그러나 문제가 하
나 있다.

질문: 확언을 사용했는데도 왜 원하는 것을 얻지 못했는가?
대답: 뭔가 빠진 것이 있기 때문이다.

마음이 할 수 있는 일

인간의 마음은 매우 신기하다. 예를 들면 마음은 지금 내가 이 글을 쓰고 있는 컴퓨터를 만들었다. 이 글을 읽고 눈 깜박할 사이에 그 의미를 파악하는 것도 인간의 마음(당신의 마음)이다.

만일 지금 당신이 이 글을 건물(집이나 사무실, 또는 도서관 등) 안에서 읽고 있다면 그것도 인간의 마음이 만든 것이다. 승용차나 트럭, 미니밴, 지하철 안에서 읽고 있다면 그것 역시 인간의 마음이 만든 것이다(모쪼록 운전 중에는 읽지 않기 바란다!) 당신이 지금 건물 안에 있든, 차 안에 있든, 인간의 마음이 그것을 구상했고 수많은 인간의 마음(그리고 몸)이 협력하여 그것을 만들었다.

인간의 마음은 또한 과학과 종교, 철학, 수학, 역사 및 존재하는 모든 예술 작품도 만들었다. 다음은 인간의 놀라운 마음이 할 수 있는 것의 일부다.

> 분석한다. 브레인스토밍한다. 창조한다. 꿈꾼다. 기계를 만든다. 추측한다. 상상한다. 판단한다. 안다. 배운다. 묵상한다. 창안한다. 계획한다. 정리한다. 사색한다. 생각한다. 이해한다. 시각화한다.

놀랍지 않은가? 당신은 이 모든 것을 아침 식사 전에 해낼 수 있다! 그러나 우리는 종종 우리의 마음이 얼마나 놀라운지를 잊어버린다.

우리는 종종 우리가 정적이고, 고정되어 있고, 변하지 않는 존재라고 생각한다.

'나는 나야. 그게 다야.'

그렇다면 잠시 이런 생각을 해 보자. 당신은 늘 지금의 당신과 같은 사람이었는가? 다음과 같은 상황에서도 지금과 동일한 사람이었는가?

- 처음 걸음마를 할 때
- 처음 자전거를 탈 때
- 처음 학교에 갈 때
- 처음 통장을 만들 때
- 처음 운전을 배울 때
- 처음 데이트를 할 때
- 결혼할 때
- 첫아이를 낳을 때

인생의 이런 단계들은 모두 한 가지 공통점이 있는데, 그것은 변화를 의미한다는 것이다. 기다가 걷기 시작할 때, 부모님께 의존하다가 독립할 때, 독신으로 살다가 결혼할 때, 종업원으로 일하다가 자기 사업을 시작할 때 모두 변화를 거쳤다.

사실 인생은 본질적으로 변한다. 우리 인생은 매일 변한다. 하루하루가 전날의 나와는 다르기 때문이다.

이것이야말로 정말로 흥미로운 것이다.

전통적인 성공 강사가 가르치는 것

확언이란 무엇인가? 간단히 말하면 당신의 삶에 이루어지기를 원하는 것을 표현하는 말이다.

생각은 씨앗과 같다. 우리는 매일 매시 매 순간 이 생각의 씨앗을 심는다. 그것을 의식할 수도 있고 의식하지 않을 수도 있다. 삶과 돈, 관계, 건강, 가족, 과거, 현재, 미래 등 무엇이든 생각할 때마다 이 생각의 씨앗은 무한 지성, 즉 신이라 부르는 비옥한 땅에 심긴다. 그러면 우리의 삶은 그 무한 지성의 '땅'에 심긴 생각의 씨앗을 반영하게 된다. 그러므로 우리의 삶은 우리가 계속 생각하는 것을 반영한 것이다.

> 우리의 삶은 우리가 계속 생각하는 것을 반영한 것이다.

그래서 우리는 이 개념을 지지하는 수많은 책과 프로그램의 지원하에 단순히 긍정적인 말을 거듭 반복함으로써 삶을 변화시키는 법을 안다고 생각한다. 그러나 우리의 눈에 보이는 것은 모두 불행하게도 그렇지 않다는 것뿐이다.

왜 그런가?

빠진 조각

예를 들어 당신이 원하는 변화 중 하나가 돈을 더 많이 버는 것이라고 하자. 이 목표를 가졌으므로 당신은 이를 성취하는 방법을 연구하기 시작한다. 책을 읽고, 세미나에 참가하고, 삶의 변화를 위해서(즉 돈을 더 많이 벌기 위해서) 먼저 돈에 대한 생각을 바꾸어야 한다는 전통적인 성공 강사들의 말에 귀를 기울인다.

여기까지는 좋다. 당신은 '뿌린 대로 거둔다'는 말의 진리를 이해한다, 이것은 우리의 삶은 우리가 지속적으로 생각하는 것(우리가 심는 생각의 씨앗)의 반영이라는 말의 다른 표현일 뿐이다.

당신은 어린 시절을 회고하면서 어쩌면 성장 과정에서 돈이 부족했던 경험을 했을 거라고 깨닫는다. 그래서 당신을 붙들고 있는 생각이 '나는 돈이 충분하지 않다.'라는 것임을 찾아낸다.

당신은 당신을 얽어매고 있는 주된 생각을 찾은 다음 단계는 그 생각을 변화시키는 일임을 깨닫는다. 다시 말해 당신은 부정적인 생각의 씨앗(원하지 않는 삶을 만들어 내는 것)을 심는 일을 중단하고 긍정적인 생각의 씨앗(원하는 새로운 삶을 만들어 내는 것)을 심는 일을 시작한다. 그런 다음 전통적인 성공 강사들이 하라고 가르쳐 준 일을 한다. 즉 이전의 생각을 새로운 생각으로 바꾸기 위해 긍정적인 말, 또는 확언을 사용하기 시작한다. 왜 그렇게 하는가? 삶을 바꾸기 위해 당신의 생각을 바꾸려 하는 것이다. 그리고 그렇게 하는 방법은 당연히 부정적인 말을 긍정적인 말로 변화시키는 것이다.

예를 들어 '나는 돈이 충분하지 않다'는 부정적인 생각을 극복하기 위해서 당신은 '나는 돈이 충분하다.' 혹은 '나는 부자다.'라는 긍정적인 말을 하고, 쓰고, 반복하기 시작한다.

게다가 당신은 착한 학생이기에 이것을 거듭거듭 반복한다. 수십 번, 수백 번, 어쩌면 수천 번 반복한다.

그래서 어떤 일이 일어났는가?

한번 해 보자.

지금 당장 자신을 향해 "나는 부자다."라고 말하라.

한 번 더 말하라. 그런 다음 감정을 넣어서 다시 한 번 더 말하라.

"나는 부자다."

지금 당신의 마음속에 어떤 생각이 떠오르는가?

다른 어떤 것이 들리지 않는가?

'그래, 맞아!' 같은 소리인가?

이쯤에서 나는 다음과 같이 중요한 질문을 할 수밖에 없다.

질문: 당신은 자신의 확언을 믿는가?

대답: 단순 명료한 사실은 우리 대부분이 우리 자신의 확언을 믿지 않는다는 것이다. 우리는 이런 긍정적인 말을 오랫동안 거듭 말하고, 쓰고, 반복해 왔다. 그러나 왜인지 모르지만 우리는 그것을 믿지 않는다.

그래서 그 믿음의 부재(이것을 나는 '믿음의 간격'이라고 한다)가 이제까지 우리가 사용해 온 방법에 '빠져 있는 것'이다.

믿음의 간격

당신이 삶을 변화시키려 할 때, 예를 들면 돈을 더 벌거나 더 만족스러운 직장을 구하거나 영혼의 짝을 찾거나 건강을 회복하거나 체중을 줄이는 등 당신이 실제로 시도하는 것은 자신을 위해 새로운 현실을 창조하는 것이다. 당신이 지금의 현실에서 새로운 현실로 나아가기 원한다고 해 보자. 흥미로운 것은 이때 말하는 현실이 모두 인지된 현실이라는 것이다. 달리 말하면 인지하는 사람이 인지한 그것이 바로 현실이다.

> 인지하는 사람에게는 인지하는 그것이 바로 현실이다.

예를 들어 보스턴 레스삭스 팀의 열성 팬과 뉴욕 양키즈 팀의 열성 팬이 같은 방에서 두 팀의 경기를 시청하고 있다고 해 보자(물론 나는 그들이 어떻게 해서 같은 방에 있게 되었는지 모른다). 이들에게 그 경기가 동일하게 보일까?

그 대답은 "그럴 수도 있고 아닐 수도 있다."일 것이다.

"그렇다"고 할 수 있는 부분은 경기장에서 일어나고 있는 일단의 상황을 시청하고 있다는 점이다. 즉 한 팀의 선수가 안타를 치고 다른 팀의 선수가 삼진 아웃을 당하는 등의 일이다.

반면 "아니다."라고 할 수 있는 부분은 그들이 시청하고 있는 경기가 그들에게 동일하게 느껴지지 않는다는 점이다. 예컨대 한 팀이 안타를 치면 그 팀을 응원하는 사람은 몹시 기뻐하며 흥분하겠지만 다른 사람은 괴로워할 것이다. 즉 한 사람은 '그의 팀'이 이길 때 같은 팀을 응원하는 사람과 하이파이브를 하지만, 상대편 팀 팬은 '자신의 팀'이 패했기 때문에 며칠 동안 시무룩할 것이다.

그런 이유로 인지하는 사람에게는 인지하는 그것이 바로 현실이다. 앞에서 말한 예로 돌아가면, 당신이 삶을 변화시키려고 할 때 실제로 일어나는 일은 다음과 같다.

1. 지금 당신은 내가 "현재 인지된 현실(CPR: Current Perceived Reality)"이라고 일컫는 것 안에 살고 있다. 당신의 CPR 안에서 당신이 가진 것을 가지고, 아는 것을 알고, 행하는 것을 행한다. 이것이 현재 당신에게 인지된 현실이다. 이처럼 당신에게는 당신이 인지하는 것이 현실이 된다. 다른 것은 없다. 그것이 바로 당신의 작은 우

주인 것이다.

2. 당신이 원하는 것은 어떤 다른 장소다. 당신은 당신의 삶에서 어떤 것을 변화시키기 원한다(새로운 결과를 얻기 원한다). 예를 들면 체중이나 경제 상태, 건강, 관계, 인지도, 영향력, 생활방식 등을 변화시키기 원한다. 그 '다른 곳'을 나는 "새롭게 원하는 현실(NDR: New Desired Reality)"이라고 일컫는다.

3. '현재 인지된 현실'과 '새롭게 원하는 현실' 사이에 내가 "믿음의 간격"이라고 하는 것이 존재한다. 즉 당신이 현재 인지하는 곳(CPR)과 당신이 '다른 곳'에 도달했을 때의 현실(NDR) 사이의 공간이다.

다음은 내가 지금 말하는 것을 설명하는 그림이다.

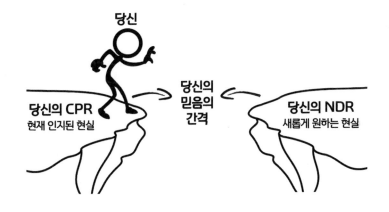

당신의 믿음의 간격은 얼마나 큰가? 이 간격은 여러 요인에 따라 달라진다. 이를테면 자신의 CPR에 머문 기간, 자신의 NDR 성취의 난이도에 대한 생각, 당신의 꿈을 듣고 "불가능해!"라고 말한 친구들의 수 등이다.

또한 당신이 삶에서 이루기 원하는 결과에 따라 믿음의 간격이 달라질 것이다. 예를 들어 체중을 10킬로그램으로 줄이는 건 정말로 어렵다고 생각하지만, 한 달에 1,000만 원을 더 버는 일은 쉽다고 생각할 수 있을 것이다. 아니면 10킬로그램을 줄이는 일은 식은 죽 먹기지만, 한 달에 1,000만 원을 더 버는 일은 절대로 불가능한 일이라고 생각할 수도 있다.

핵심은 무엇일까? 당신이 원하는 결과나 성과, 경험 등의 믿음의 간격을 극복하지 않는 한, 당신은 새로운 삶으로 도약하여 당신이 원하는 새로운 현실을 만들어 내기 어렵다는 것이다.

믿음의 간격을 극복하는 방법

자신이 부정적인 생각의 씨앗(나는 빈털터리다, 나는 외롭다, 나는 체중을 줄일 수 없다, 나는 불행하다 등)을 심고 있음을 깨닫고 더 나은 것을 원하기로 결심한 후, 다른 사람들이 가르쳐 준 대로 긍정적인 말을 거듭했는데도 아무 일도 일어나지 않았는가?

나도 그랬다. 다른 수많은 사람들도 그랬다.

왜 그럴까?

우리가 긍정적인 생각을 할 수 없거나 머리가 좋지 않거나 동기가 부족하거나 교육이 부족하거나 아니면 성공을 그다지 원하지 않아서 일까?

그 어느 것도 아니다!

당신이 전통적인 방법으로 원하는 결과를 얻지 못한 이유는 이제까지 배워 온 대로 단지 말로만 믿음의 간격을 극복하려 했기 때문이다.

긍정적인 변화가 시작되는 장소인 무의식은 그런 말보다 더 단순하면서도 더 강력한 것에 자동으로 반응한다. 그러나 이제까지 누구도 그런 말을 해 주지 않았기에 당신은 효과가 있을 때도 있고 없을 때도 있는 방법을 계속 사용하고 있다. 마치 새집을 지으려고 정말 열심히 노력했지만 당신에게 주어진 도구는 달랑 기계톱 하나뿐인 것과 같다.

> 긍정적인 변화가 시작되는 장소인 무의식은 말보다 더 단순하면서도 더 강력한 것에 자동으로 반응한다.

하지만 여기 당신의 삶을 제대로 변화시킬 수 있는 획기적인 소식이 있다.

원하는 결과를 얻지 못했다고 해서 계속 자신을 탓하지 말라.

이제까지 사용한 것보다 더 단순하면서도 쉬운 방법을 소개하겠다.

이제 당신 차례다

지금까지 당신은 말로 믿음의 간격을 극복하며 삶을 변화시키려 노력해 왔다.

다음 장부터는 새로운 질문을 통해 삶을 변화시키는 일을 시작할 것이다.

2

어포메이션:
풍성한 삶에 빠져 있는 조각

> **"내가 모든 대답을 가지고 있다고는 하지 않겠다.
> 그러나 그 질문들은 분명 생각해 볼 가치가 있다."**
>
> – 아서 클라크

지금까지 내가 이야기한 것들을 이해했는가? 나는 앞 장을 질문으로 시작했다. 그 질문이 당신의 생각에 어떤 영향을 주었는가? "새로운 질문을 하라"는 말의 의미를 진심으로 알기 원하는가? 지금 당신의 생각은 그 대답을 열심히 찾고 있는가?

이런 일이 어떻게, 그리고 왜 일어나는지, 그리고 그 결과로 당신의 삶이 바뀌기 시작하는 이유를 찾아 낼 준비가 되었는가?

질문이란 무엇인가?

질문이란 대답을 요구하는 탐구의 표현이다. 질문을 할 때 어떤 일이 일어나는가?

예를 들어 지금 당신은 '질문할 때 어떤 일이 일어나는지 나는 잘 모르겠어.'라고 생각하고 있을 수 있다.

왜 그러는지 아는가? 당신이 질문을 하면 당신의 마음은 자동적으로 그에 대한 답을 찾기 시작한다. 당신의 의지와 상관없이 자동적으로 일어난다. 어쩔 수 없다. 질문에 대한 답을 찾는 것은 인간의 마음이 지닌 가장 기본적이고 근본적인 기능일 수 있다.

모든 것을 변화시킨 샤워가 있었던 그 운명의 아침에 나는 인간 의식의 이 단순한 진리에 인생의 가장 큰 문제들을 해결하는 답이 있을 수 있다는 것을 깨달았다. 지금부터 이 말이 무슨 뜻인지 설명하겠다.

당신이 만날 수 있는 모든 문제

문제를 좋아하는 사람은 아무도 없다. 우리 대부분은 문제를 피하거나 무시하거나 없애려 한다. 어떤 사람은 문제가 "인간 존재의 난제"라고 주장하기도 한다. 그러나 실제로 당신이 만날 수 있는 모든 문제는 아직 답이 주어지지 않은 질문에 불과하다.

사소한 문제에서부터 거창한 문제까지 모든 문제는 대답을 찾는 질문이다. 예를 들어 보겠다. 다음은 몇 가지 심각한 세계적 문제 및 그와 연관된 질문이다.

문제	질문
지구 온난화	어떻게 하면 지구가 파괴되는 것을 중단하면서 우리가 원하는 번영을 이룰 수 있을까?
빈곤	어떻게 하면 세계의 엄청난 부를 균등하게 배분하여 모든 사람이 적절한 의식주를 누리게 할 수 있을까?
실업	어떻게 하면 모든 사람이 일자리를 갖고 자신을 위해 부를 창출하며 사회가 더 잘 돌아가게 할 수 있을까?

내가 해결하기 쉬운 문제라고 말하지 않았다는 걸 기억하기 바란다. 그래서 우리는 아직 모든 대답을 찾지 못한 것이다.

그렇다면 인간의 일상적이면서도 한결같은

당신이 만날 수 있는
모든 문제는
아직 답이 주어지지 않은
질문에 불과하다.

문제는 어떤가?

다음은 많은 사람이 직면하는 문제 및 그와 관련된 질문이다.

문제	질문
돈	어떻게 하면 나의 가족과 가치관과 자유를 희생하지 않으면서 더 많은 돈을 벌 수 있을까?
체중	어떻게 하면 체중을 줄이고 건강한 몸을 유지하면서 원하는 음식을 마음껏 즐길 수 있을까?
사업	어떻게 하면 어려움 없이 사업을 성장시키고 더 많은 고객을 모을 수 있을까?

당신도 알 수 있겠지만 모든 문제는 근본적으로 아직 답을 찾지 못한 질문(혹은 일련의 질문)이다.

예를 들어 돈을 더 많이 버는 법이나 체중을 줄이는 법, 더 행복해지는 법 등과 같이 수많은 사람이 매일 만나는 일반적인 문제를 해결하려 한다고 생각해 보자.

한 가지 방법은 "나는 부자다." "나는 날씬하다." "나는 행복하다." 등과 같은 전통적인 확언 방법을 사용하는 것이다.

당신은 이런 말을 믿을 수도 있고 믿지 않을 수도 있다. 당신의 믿음의 간격이 너무 넓어서 이와 같이 긍정적인 말을 믿고 싶어도 믿어지지 않을 수 있다. 그래서 많은 사람이 이런 말에 대해 "예, 맞아요."라는 반응을 하면서도 결국은 자신의 꿈을 포기한다.

당신도 만일 포기하고 싶은 유혹을 받는다면, 내가 매우 강력하면서도 단순하여 전통적인 성공 강사들이 가볍게 지나쳐 버리는 것을 소개하겠다.

아직도 긍정적인 말이 믿어지지 않는다면,
당신의 삶을 변화시킬 질문을 하는 것이 어떨까?

우리의 삶을 창조하는 방법

1997년 4월 운명의 아침, 모든 것을 변화시킨 그 샤워 중에 내가 얻은 놀라운 깨달음은 우리가 두 가지 방법으로 인생을 창조한다는 것이다. 즉 하나는 자신과 다른 사람에게 하는 말을 통한 것이고, 다른 하나는 자신과 다른 사람에게 하는 질문을 통해서라는 것이었다.

전통적인 성공 강사들은 말을 변화시키라고 가르치는 데 엄청난 시간과 에너지를 집중했다. 물론 어떤 사람들에게는 이 방법이 통했지만 어떤 사람들에게는 이 방법이 통하지 않았다.

반면 우리의 내적, 외적 질문을 변화시킬 때 일어나는 놀라운 능력을 이끌어 내는 방법은 내가 발견하기까지 누구도 완전히 깨닫거나 보여 주지 못했다. 우리의 마음은 '자동 탐색 기능' 같은 것을 가지고 있다. 이 말은 우리가 질문을 하면 우리의 마음이 자동적으로 대답을 찾기 시작한다는 것이다. 심리학자들은 이러한 인간 두뇌의 기능을 "내재된 전제 요인"이라고 불렀다.

예를 들어 내가 '하늘은 왜 푸른가?'라고 질문한다고 해 보자. 지금 당신의 두뇌가 어떤 일을 하고 있는지 아는가? 그 질문에 대한 답을 찾고 있다. 당신이 그렇게 하라고 하지 않았는데도 그렇게 하고 있는 것이다. 당신은 대답을 찾으려고 노력하지 않았다. 스스로에게 그렇게 하라고 할 필요가 없다. 그런데도 당신의 두뇌는 그러지 않을 수 없는 것이다. 문자 그대로 당신은 그렇게 하지 않을 수 없다. 이것은 종종 "뿌림과 거둠의 법칙"이라고 불린다. 뿌리는 것을 거두기 때문이다. 에머슨은 이것을 '제1법칙', 혹은 '끌어당김의 법칙'이라고 했다. 우리가 집중하는 것(계속해서 심는 생각의 씨앗)이 자라서 열매를 맺는다는 것이다(앞에서 한 질문에 대한 답은 지구 대기 중의 분자가 태양으로부터 오는 붉은 빛보다 파란 빛을 뿌리기 때문이다).

> 우리는 자신과 다른 사람에게 하는 말과 질문을 통해 인생을 창조한다.

앞에서 본 것처럼 전통적인 성공 강사들은 삶을 변화시키려면 생각을 변화시키라고 가르쳐 왔다. 맞는 말이다. 그러나 이미 오래전부터 성경은 "얻지 못함은 구하지 아니함이요." "구하라. 그리하면 받으리라"고 말하고 있다.

질문을 변화시키지 않고 말만 변화시키면

믿음의 간격을 메꾸고 삶을 변화시키는

가장 단순하고 효과적인 방법을 놓치는 것이다.

열세 살 소녀가 불안 강박증을 고친 방법

　어느 날 우리 세미나에 참석했던 메리가 위스콘신에서 나에게 전화를 했다. 그녀가 나에게 한 첫마디는 "노아, 당신이 나의 인생을 변화시켰어요!"였다. 무슨 말인지 묻자 그녀는 다음과 같은 이야기를 들려주었다.

　세미나에서 어포메이션 사용법을 배운 후 이것이 나에게 통한다면 열세 살인 딸 스테파니에게도 통할 수 있을 거라는 생각이 들었어요. 그 애는 학교에서 전과목 A를 받는 우등생이었지만 만성적인 불안 강박증을 가지고 있었어요.

　스테파니는 불안이 너무 심해서 심각한 수면 장애를 겪었어요. 며칠이고 잠을 자지 못해서 한밤중에 저의 침실로 들어와 깊은 잠에 빠진 우리 부부를 깨워 자기를 달래 달라고 했어요.

　우리 부부는 온갖 방법을 시도했어요. 책을 읽어 주기도 하고 함께 기도도 하고, 심지어 치료를 받게 할 생각도 하고 있었어요. 그래도 여전히 불안해했고 잠을 이루지 못하는 일이 계속됐어요.

스테파니는 울면서 "난 왜 이렇게 불안해요?"라고 묻기도 했어요. 내 딸인데도 도와줄 수 없어서 가슴이 찢어졌어요.

어포메이션 강의를 들으면서 이것이 내가 기도하던 것에 대한 응답임을 깨달았어요. 세미나에서 돌아온 즉시 스테파니에게 어포메이션 사용법을 가르쳐 주었어요.

스테파니도 나처럼 좋아했어요! 우리가 함께 만든 질문은 이런 것이었어요.

왜 나는 불안이 없는가?

왜 나는 깊은 잠에 빠지는가?

왜 나는 신의 손길을 신뢰하는가?

왜 친구들은 모두 나를 사랑하는가?

왜 나는 나를 사랑하는가?

어포메이션을 사용하기 시작한 첫날부터 스테파니의 불안이 멈추었어요. 정말 기적이었어요.

스테파니는 더욱 행복해졌고, 더욱 편안해졌고, 정말로 평화로운 것 같았어요. 요즘 십대들에게 그런 일이 얼마나 어려운지 아실 거예요.

선생님의 책은 제가 읽은 책 가운데서 실제로 실천하도록 감동을 준 첫 번째 자기 계발서였어요. 노아, 감사해요, 우리의 삶이 이렇게 변하게 해 주셔서요.

그런 다음 메리는 어포메이션이 스테파니로 하여금 불안을 멈추게 했을 뿐 아니라 메리가 집에서 하는 사업도 번창하여 더 많은 고객을 확보하게 했다고 했다.

그녀는 친구들에게 어포메이션을 전하기 시작했고 자신의 삶 전체에 적용하고 있다. 그리고 남편 스콧이 더 이상 자신의 일에 열정을 느끼지 못한다고 말하자 메리는 '왜 스콧에게 적절한 소명이 주어지는가?'라는 어포메이션을 시작했다. 몇 주 지나지 않아서 남편은 꿈의 직장을 찾았다. 스테파니가 다니는 고등학교에서 일하게 된 것이다! 결국 이 가족은 어포메이션을 사용하여 이전보다 더욱 마음의 평화를 얻고, 직장에서 더 큰 만족을 얻었으며, 수입이 늘었고, 가족이 더욱 화목한 시간을 누리게 되었다. 이것이 바로 내가 "어포밍"이라고 일컫는 것이다.

힘을 주는 질문과 힘을 빼는 질문

대부분의 사람들은 자신도 모르게 수없이 힘 빠지는 질문을 한다. 그러면서 자신이 꿈꾸는 결과를 얻지 못하는 이유를 궁금해한다. 그렇기 때문에 지금은 먼저 당신이 무의식적으로 하고 있는 힘 빠지는 질문부터 살펴보겠다. 그런 다음 힘 빠지는 질문을 어포메이션, 즉 힘을 주는 질문으로 바꾸는 법을 배워 보겠다.

힘 빠지는 질문이란 무엇인가? 그것은 당신의 힘을 빼서 결과적으로 당신이 가지지 못한 것, 할 수 없는 것, 자신이 아닌 것에 집중하게 함으로써 행동할 능력을 앗아가는 질문이다. 예를 들면 다음과 같다.

왜 이렇게 나는 빈털터리인가?

왜 아무도 나를 사랑하지 않는가?

왜 나는 늘 돈이 모자란가?

왜 나는 이렇게 뚱뚱한가?

이런 것이 바로 힘을 빼는 질문의 예다. 이런 질문은 당신이 원하는 것을 할 수 없다고 믿게 하기 때문이다.

물론 이와 같이 부정적인 질문을 의도적으로 하는 사람은 없다. 자신도 모르게 무의식적으로 힘 빠지는 질문을 하는 것이다.

그렇기 때문에 나는 지금 당신에게 어떤 일을 해 보라고 권할 것이다. 다음과 같이 힘 빠지는 질문을 소리 내어 말하고, 어떤 느낌이 드는지 보라. 준비되었는가?

- 왜 나는 돈이 부족할까?

- 왜 나는 외톨이일까?

- 왜 나는 자꾸만 실패할까?

- 왜 나는 뚱뚱할까?

- 왜 나는 빈털터리일까?

- 왜 나는 다른 사람들처럼 여가 시간을 갖지 못할까?

- 왜 나는 제대로 하는 일이 아무것도 없을까?

말해 보았는가? 의식적으로 힘 빠지는 질문을 소리 내어 말하는 것뿐 아니라 심지어 생각하기만 해도 불쾌하지 않은가?

부정적인 내면의 소리는 우리에게 "우리 자신이 어떤 것도 제대로 할 수 없다"고 말한다.

내가 세미나와 마인드 마스터 프로그램에서 설명하는 것처럼 우리 모두는 무의식적인 생각 가운데 내가 "부정적 사고"라고 일컫는 것을 가지고 있다. 이 부정적인 내면의 소리는 우리에게 "우리 자신이 어떤 것도 제대로 할 수 없다"고 말한다. 앞에 열거한 부정적인 질문, 즉 힘 빠지는 질문을 한다.

그로 인한 궁극적 결과는 당신이 집중한 그것을 드러낸다. 다시 말해 스스로 부정적인 질문을 하면 부정적인 결과를 얻는다.

지금 당장 당신의 어포메이션 일기에 당신의 부정적인 사고가 규칙적으로 하는, 가장 많이 힘을 빼는 질문 다섯 가지를 써 보라.

그와 같이 힘을 빼는 이런 질문은 당신이 과거에 만난 사람에게서 비롯될 수도 있고 당신 스스로 만들어 낸 것일 수도 있다.

아무튼 당신 자신의 힘을 빼는 질문을 정확하게 하는 것이 중요하다. 그래야 거기서 벗어날 수 있다(당신이 쓴 질문 옆에 오늘 날짜를 써 두라. 그래야 다음에 이것을 볼 때, 어포메이션 방법을 사용한 후 얼마나 변화되었는지 알 수 있을 것이다).

지금 당장 쓰기 바란다. 나는 당신이 그것을 다 쓸 때까지 기다리겠다. 다 쓴 소감이 어떤가? 끔찍하지 않은가?

◆ ◆ ◆

그렇다면 이제 더 나은 길을 찾을 준비가 되었는가?

힘을 주는 질문 – 올바른 질문

이제 당신은 무의식적으로 해 오던 힘 빠지는 질문들을 알았다. 지금쯤 당신은 다른 질문을 하고 있을 것이다.

"좋아, 그것이 내가 해 온, 힘 빠지는 질문이라면 힘을 주는 질문은 무엇일까? 그리고 그런 질문을 할 수 있는 방법은 무엇일까?"

이런 질문을 해 주니 기쁘다.

힘을 주는 질문은 부정적인 질문과 정반대의 효과를 내는 질문이다. 힘을 빼는 질문은 당신이 가지지 못한 것, 할 수 없는 것, 자신이아닌 것에 생각을 집중하게 하여 행동할 힘을 앗아간다. 반대로 힘을주는 질문은 당신이 가진 것, 할 수 있는 것, 자신인 것에 생각을 집중하게 한다. 간단히 말하면 이런 질문은 행동을 취하고 진정한 자신을표현할 능력을 발휘하게 한다.

또한 힘을 주는 질문에 대한 대답은 긍정적인자기 가치를 느끼게 하여 궁극적으로 당신의진정한 모습과 진실을 말하는 대답으로 이끌어 준다.

> 힘을 주는 질문은
> 당신이 행동을 취하고
> 진정한 자신을
> 표현할 능력을
> 발휘하게 한다.

잠시 재미있는 일을 해 보자. 앞에서 당신이 쓴힘 빠지는 질문 다섯 개를 힘을 주는 질문으로 바꾸어 보라. 어떻게해야 할까? 간단히 부정적인 질문을 긍정적으로 바꾸면 된다.

예를 들어 "왜 나는 다른 사람들처럼 여가 시간을 갖지 못할까?"라는 질문을 썼다면 힘을 주는 질문은 "나는 왜 이렇게 삶이 여유로울까?"라고 바꿀 수 있을 것이다.

"나는 왜 이렇게 뚱뚱할까?"는 "나는 왜 다이어트가 이토록 쉬울까?"가 될 것이다.

이해되는가? 펜을 들고 당신이 썼던 힘 빠지는 질문 다섯 개를 힘을주는 질문으로 바꾸어 쓰라. 어포메이션의 변화를 경험할 준비가 되었는가?

그렇다면 지금 시작하라!

◆ ◆ ◆

굉장하지 않은가? 당신의 생각에 변화가 생겼는가? 어떤 느낌이 드는가? 지금 당신의 어포메이션 일기에 첫 번째 활동과 두 번째 활동의 차이를 쓰라.

◆ ◆ ◆

축하한다! 이제 당신은 새롭고 풍성한 삶으로 가는 놀라운 여정을 시작했다.

보험 영업사원이 1년 만에 560퍼센트나 수입을 늘린 방법

유타주의 보험 영업사원 브랜든은 친구에게 어포메이션에 대해 듣고 재택 공부 프로그램에 등록하기로 결정했다. 그 후에 일어난 일에 대해 브랜든은 다음과 같이 말한다.

십여 년 동안 3만 달러 이상을 책과 테이프, 세미나에 쏟아부은 덕분에 NLP(신경언어프로그래밍) 강사 자격증을 받았지만, 어포메이션을 사용한 후 나에게 일어난 일들은 놀랍기 그지없다!

노아가 진행하는 재택 공부 프로그램을 마친 후, 나 자신에게 무의식적으로 나의 성장을 가로막는 질문, 즉 힘을 빼는 질문을 수없이 하고 있음을 깨달았다. 예를 들면 '왜 나는 새로운 사람을 소개받을 수 없을까?' '왜 나는 더 많은 돈을 벌지 못할까?' 등의 부정적인 질문이었다.

나는 당장 나 자신을 향해 긍정적인 어포메이션을 하기 시작했다. 첫 번째로 '나는 왜 매일 소개를 받을까?'라고 묻기 시작했다. 그랬더니 나흘 만에 새로운 고객을 아홉 명이나 소개받았다. 그 전까지는 단기간에 그토록 많은 소개를 받아 본 적이 없었다.

노아를 만나기 전 나의 평균 매출은 월 1,500달러에서 2,000달러였다. 노아의 프로그램을 사용하기 시작한 첫 달에는 매출이 세 배로 올랐다. 그리고 그해 말에는 수입이 560퍼센트 이상 올랐고, 그해의 보험인으로 선정되었다. 고통스러운 이혼과 할머니의 죽음을 겪는 슬픔 속에서 그런 일이 이루어진 것이다.

그해 이후 나는 다시 결혼할 준비가 되었음을 깨달았다. 그래서 '나는 왜 이렇게 빨리 완벽한 여인을 만날 정도로 운이 좋을까?'라는 어포밍을 시작했다.

40일도 안 되어 멋진 여성을 만났다. 더 놀라운 것은 한 주만 더 일찍 그녀를 만났다면 내가 그녀와 데이트를 하지 않았을 뻔했다는 것이다. 당시 나는 27세로 21세 이상의 여성을 찾고 있었기 때문이다. 놀랍게도 우리는 그녀의 스물한 번째 생일이 지난 나흘 후에 만났다.

나는 모든 사람에게 다음과 같이 충고하고 싶다. "노아의 프로그램대로 따르라. 그러면 당신의 삶이 변화될 것이다."

'어포메이션'이라고 한 이유

나는 힘을 주는 질문을 만들고 묻는 과정을 어포메이션 방법(The Afformations Method)이라고 이름 붙였다. 그렇다면 '어포메이션'이라는 말은 어디서 온 것일까?

샤워 중에 놀라운 발견을 한 후, 나는 힘을 주는 질문을 하는 과정은 자기 계발과 개인 성장 분야에서 완전한 혁명이 될 것을 확신했다. 그래서 이 과정을 설명하는 새로운 단어를 만들기로 결심했다. 사람들의 생각과 신념이 그들의 삶을 어떻게 만드는지 더 깊이 이해하고 싶었기 때문이다.

고등학교 시절 내가 좋아했던 과목 중 하나가 라틴어였다. 그리고 그 사건을 겪은 후 나는 애퍼메이션(affirmation)이 '확고하게 하다'라는 의미의 라틴어 '피르마레'(firmare)에서 온 것임을 떠올렸다.

그런 다음 나 자신에게 이렇게 질문했다. '만일 애퍼메이션이 긍정적인 말이라면, 힘을 주는 질문을 설명하는 완벽한 단어는 무엇일까?' 그 질문을 하자 곧바로 답이 떠올랐다(당연한 결과다). 질문(힘을 주는 질문이든 힘을 빼는 질문이든 상관없다)을 할 때 우리는 생각의 패턴을 형성하며(forming), 이는 우리의 습관을 형성하고, 습관은 우리의 삶을 형성한다는 것을 깨달았다.

'형성하다'라는 단어는 '형성하다. 또는 형태를 주다.'라는 의미의 라틴어 '포르마레'(formare)에서 온 것이다. 그때 '무언가를 확고하게 하는데 그것이 잘못된 형태이면 어떡하지? 그것은 "원하지 않는 삶을 형성하는 것"이라 할 수 있는데'라는 생각이 들었다.

그러면서 많은 사람이 단순히 말을 사용하여 믿음의 격차를 극복하는 데 큰 어려움을 겪는 이유가 이해되었다. 그들은 어떤 것을 확고하게 하려고 하면서도 새로운 신념 체제나 새로운 습관을 형성하지 못하고 있었다. 이 새로운 관점에서 보면, 그것은 마치 기초를 만들지 않고 집을 세우려 하는 것과 같다.

무엇을 확고하게 하려면 먼저 우리가 뿌리는 생각의 씨앗을 변화시킬 질문을 만들(형성할) 필요가 있음을 깨달았다. 그러면 그 질문이 우리의 생각을 바꾸고, 우리의 믿음을 바꾸고, 우리의 습관을 바꾸고, 궁극적으로 우리의 삶을 바꾸게 되는 것이다.

그렇게 해서 '어포메이션'이라는 말과 가르침이 생겨났다. 사실 새로운 기술이나 우주를 바라보는 새로운 방식을 설명하기 위해서는 새로운 단어를 만들어 내는 것이 가장 좋다. "인터넷"이나 "구글", "컴퓨터"라는 단어를 처음 들었을 때를 기억하는가? 얼마 전만 해도 인류 역사에 이런 단어는 존재하지 않았다. 이 단어가 말하는 기술이 존재하지 않았기 때문이다. 이런 단어가 존재한 환경도 없었고 의미도 없었다. 그러나 지금 우리는 이런 단어를 매일 사용하고 있다! 이 책에서 나는 새로운 생각의 기술을 가르친다. 그래서 새로운 생각의 기술과 우주를 바라보는 새로운 방식을 설명할 단어인 '어포메이션'이 필요한 것이다.

우리는 이미 어포메이션을 실천하고 있다

이것이 정말로 효과가 있을지 의심하거나 이제까지 들어본 것 가운데 가장 괴상하다고 생각할 수도 있기에 마지막으로 한 가지 사실을 보여 주려고 한다.

우리는 이미 어포메이션을 사용하고 있다.

'나는 왜 이렇게 어리석을까?' 혹은 '나는 왜 제대로 하는 게 아무것도 없을까?'라는 식의 생각은 명백하게 부정적인 어포메이션이다. 이와 같이 부정적이면서도 힘을 **빼는** 질문은 당신의 생각 속에 있는 부정적인 사고이며, 이것은 당신의 생각과 행위, 궁극적으로 당신의 삶을 만들어 낸다.

언젠가 내가 버지니아에서 열린 생방송 세미나에서 강의를 할 때, 젊은 커플 한 쌍이 몹시 흥분한 상태로 나에게 왔다. 그들은 내가 세계 최대의 직판 회사 전국 대회에서 어포메이션을 가르치는 것을 들었다고 했다. 다음은 그들의 이야기다.

우리의 꿈은 회사에서 영업 실적 인센티브로 제공하는 승용차를 받는 것이었습니다. 그것이 우리의 목표였기에 우리는 지난 4년간 배운 대로 확언을 사용했습니다. 오디오로 만들어 거듭 들으면서 늘 서로에게 반복하여 말했고 냉장고에도 붙여 놓았습니다.

목표를 이루기 위해 샤워 부스에도 확언 표시판을 붙여 놓았습니다. 그러나 별로 좋은 소식은 들려 오지 않았습니다!

선생님이 우리 회사 전국 대회의 기조 강의에서 어포메이션에 대해 설명하는 것을 들은 후 우리는 정말 신이 났습니다. 어포메이션이 풍성한 삶을 가로막는 빠진 조각임을 깨달았습니다. 그것이 우리가 말하는 긍정적인 말과 우리 내면의 신념 사이의 간격을 연결해 주기 때문입니다.

우리는 힘을 주는 질문을 새로 만들어서 서로 질문하고, 냉장고에 붙이고, 매일 새로운 어포메이션에 대해 이야기를 나누었습니다. 그 결과는 정말 놀라웠습니다! 선생님이 우리 회사 전국 대회에서 강연한 때가 7월이었는데 8월이 되었을 때는 이미 우리가 사용하는 어포메이션 때문에 많은 일을 다르게 할 수 있었습니다. 9월에는 우리의 실적이 크게 증가해서 마침내 회사로부터 차를 받을 수 있게 되었습니다!

그렇게 우리는 4년 동안 목표를 이루지 못하다가, 어포메이션을 사용한 지 90일 만에 원하는 결과를 얻었습니다. 노아 선생님, 감사합니다!

이 부부는 전통적인 방법을 매우 열심히 실천해 왔다. 4년 이상 그 말을 사용했다는 것으로 알 수 있다. 그것이 바로 헌신이다! 그러나 자신이 말하는 긍정적인 말을 내면(진실한)의 믿음과 연결할 수 없었기에 믿음의 간격을 극복할 수 없었고, 따라서 그들의 무의식 속에 있는 부정적인 프로그램이 바라던 결과를 얻을 수 없었다. 그러나 어포메이션을 사용하여 그들 내면의 능력을 해방시킴으로써 문제를 해결한 창의적인 방법을 찾았고, 그것은 자연스럽게 결과로 이어졌다.

당신은 이미 어떤 식으로든 어포메이션을 사용하고 있기 때문에, 의식적으로 그것을 사용하여 원하는 삶을 창조하면 된다.

어포메이션을 사용하여 삶을 재창조하는 능력은 당신 안에 즉, 당신의 기적적이고 신기한 마음(생각) 안에 있다. 사실 당신은 이미 어떤 식으로든 어포메이션을 사용하고 있기 때문에 무의식적으로 그것을 사용하여 원하지 않는 삶을 만들지 말고, 의식적으로 그것을 사용하여 원하는 삶을 창조하면 된다.

그럼에도 여전히 어포메이션의 능력이 의심스럽다면, 과학과 종교, 철학, 수학, 역사 및 인류 역사의 모든 예술 활동을 나타내는 간단한 문장을 보기 바란다.

어포메이션이 당신에게도 통할지 아직 확신이 들지 않는다면, 인류 역사를 창조해 온 이 질문을 보라.

나는 왜 살아 있는가?

◆ ◆ ◆

다음 장부터는 힘을 주는 어포메이션을 만드는 네 단계를 설명할 것이다. 그것이 당신의 삶을 변화시키고 당신에게 새롭고 풍성한 삶의 길을 보여 줄 것이다.

준비됐는가?

PART 2.

어포메이션 방법

3

어포메이션 1단계:
질문한다

"대답을 할 수 없으면 질문을 단순하게 하라."

- 토바 베타

어포메이션 덕분에 전 세계 수많은 사람이 더 많은 수입을 올리고, 자신감을 키우며, 관계를 개선하고, 더 건강하고 행복해지며, 흡연과 과식 같은 나쁜 습관을 극복하고, 신과 더 깊은 관계를 누리게 되었다.

이제까지 나는 오스트레일리아의 기업주에서부터 뉴욕의 워킹맘까지, 댈러스의 직판 업자들부터 플로리다의 백만장자 CEO들까지, 세계의 많은 그룹을 대상으로 어포메이션 네 단계를 가르쳤다. 실제로 이 네 단계가 사람들의 삶을 더 나은 쪽으로 변화시킨 사례는 수없이 많다.

그래서 나는 당신이 이 단순한 네 단계의 어포메이션 방법을 사용하여 자신과 가족의 더 풍성한 삶을 계획하고 실천하여 그것을 현실로 이루기 바란다.

다음은 어포메이션 방법 첫 단계다.

어포메이션 방법 1단계:
자신에게 무엇을 원하는지 묻는다

당신이 뉴욕에 사는데 로스앤젤레스에 사는 친구를 만나기 위해 여행을 하려 한다면 어떤 방법을 택하겠는가?

1. 만남을 위해 구체적인 장소와 날짜, 시간을 정한다. 가장 빠른 길을 찾아 여행을 시작한다. 불가피한 지체와 우회, 장애를 대비해 충분한 시간을 할애한다.

2. 당장 차에 올라타서 태평양을 향해 서쪽으로 운전해 간다. 해안을 오르락내리락하여 로스앤젤레스에 도착한 다음에는 만나는 모든 사람에게 친구가 어디 있는지 묻는다.

첫 번째 방법을 선택했는가? 사실 이것은 매우 효율적인 방법으로 결과가 거의 보장된다.

그렇다면 많은 사람이 자신의 꿈을 실현하면서 살기 위해 두 번째 방법을 택하는 이유는 무엇일까? 그것은 자신이 원하는 것과 그것을 이루는 방법에 대해 막연한 생각을 가지고 살면서 자신이 목표한 곳에 이르기를 기대하기 때문이다.

이런 방법이 성공할 수 없는 것은 대륙 횡단 여행이 성공할 수 없는 것과 같다. 목표를 세우면 목적지가 더 분명해지고, 따라야 할 길에 집중하게 하며, 선택하고 행동할 지침을 알게 된다.

그렇기 때문에 어포메이션 방법의 첫 단계는 당신이 진정으로 원하는 것을 묻는 것이다. 이미 기록해 둔 목적을 사용할 수도 있고 처음부터 다시 시작할 수도 있다.

목표를 세우는 것으로 충분하지 않은 이유

당신은 세상의 모든 자기 계발 전문가들이 "목표를 세워라." "믿으

면 이룰 수 있다." 등의 말을 하는 것을 들었을 것이다. 그래서 목표를
세워 보았지만 이루지 못하는 좌절도 겪었을 것이다.

그렇다면 뭔가 빠진 것이 있다는 것 아니겠는가? 지금쯤이면 아마
당신도 짐작할 것이다. 그렇다. 지금까지 놓치고 있었던 것은 우리 코
앞에 있는 매우 단순하고도 근본적인 다음의 진실을 극복하는 것이다.

대부분의 사람들은 자신이 목표에 도달할 수 있다고 믿지 않는다.

많은 사람이 이 작고 귀찮은 사실에 대해 말하려 하지 않는다. 그러
나 이것은 엄연한 사실이다. 우리는 "목표를 세워라."라는 충고를 수
천 번 들었지만 거의 모든 사람이 자신이 세운 목표에 이를 수 있다고
믿지 않는다. 그래서 나는 당신이 당신 자신에 대해 새로운 진리를 보
는 눈을 뜨게 하는 방법을 소개하려고 한다.

욕구의 사이클

다음은 우리의 삶이 어떻게 이루어지는지를 보여 주는 그림으로, 크
게 네 부분으로 이루어져 있다.

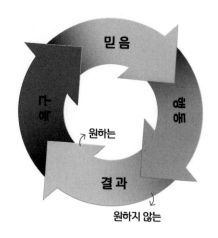

믿음

애정

욕구

원하는

결과

원하지 않는

인간은 모든 일을 욕구에서 시작한다. 『리그 베다』(the Rig Veda)라는 고대 힌두교 문헌에서는 욕구를 "생각의 첫 열매"라고 이야기한다. 즉 우리가 하는 모든 일은 욕구의 씨앗에서 나온다.

당신이 새 차나 새집, 또는 점심으로 햄샌드위치를 먹기 원한다고(욕구) 하자. 당신과 내가 바라고, 희망하고, 꿈꾸고, 갈망하고, 원하고, 바라보는 모든 것은 우리가 욕구를 가졌음을 다르게 표현한 것이다.

욕구는 목적지, 즉 가기 원하는 곳이다. 목적지는 목표, 즉 우리가 달성하기 원하는 것이다. 그러므로 욕구는 우리의 목표가 무엇인지 보여 준다.

욕구는 햄샌드위치처럼 간단할 수도 있고 세계 평화처럼 원대할 수

> 욕구는 당신이 실제로 이룰 수 있다고 믿는 것을 나타낸다.

도 있다. 당신의 욕구는 당신이 원하는 것, 우선순위, 가치관을 반영한다. 대부분이 당신이 실제로 이룰 수 있다고 믿는 것을 나타낸다.

다음 단계는 믿음이다.

안타를 칠 수 있을까?

당신이 야구를 하는데 메이저리그 투수를 상대로 타석에 들어섰다고 하자. 그 상황에서 당신은 안타를 칠 수 있다고 자신할 수 있는가?

이 책을 읽는 사람 중에는 대단한 운동선수도 있을 것이다. 그러나 우리 대부분에게는 메이저리그 투수를 상대로 안타를 칠 가능성이 애리조나 피닉스의 8월 호우에 아이스크림이 녹지 않을 가능성과 같을 것이다.

우리에게는 (안타를 치고 싶은) 욕구가 있지만, 실제로 그렇게 할 수 있으리라는 믿음이 없다. 즉 우리는 1부에서 설명했던 믿음의 간격을 가지고 있는 것이다.

믿음의 간격이 있을 때(당신 안의 자아가 안타를 칠 가능성이 없다고 할 때) 당신의 행동은 어떻게 될까?

대체로 당신의 행동은 주저하고 두려워하는 모습을 보일 것이다. 그 상황에서는 성공할 수 없다고 확신하기 때문이다. 그렇다면 행동이 주저하고 두려워할 때의 결과는 어떻게 될까? 그렇다. 안타를 치지 못할 가능성이 높다.

정리하면 다음과 같다.

> 욕구: 나는 안타를 치기 원한다.
>
> 믿음: 그러나 나에게는 안타를 칠 가능성이 없다.
>
> 행동: 스윙을 하지 않거나 주저하고 두려워한다.
>
> 결과: 안타를 치지 못한다.

많은 사람이 포기하는 이유

돈이나 명예나 새 차를 원하는 사람, 체중을 줄이거나 건강을 원하는 사람, 더 나은 관계나 인생의 짝을 원하는 사람, 혹은 행복하기를 원하는 사람 등 우리는 모두 욕구를 가지고 있다.

이제 당신이 원하는 어떤 것을 생각해 보자(돈이나 차, 집처럼 물질적인 것뿐 아니라 건강이나 사랑, 행복처럼 눈에 보이지는 않지만 매우 중요한 것일 수도 있다).

무언가를 원하면서도 실제로는 가질 수 있다고 믿지 않으면, 그것에 대한 당신의 행동은 어떠하겠는가?

당신이 원하는 것을 생각하는 순간 어떤 일이 일어나는가? 많은 사람의 마음속 깊은 곳에서 일어나는 일은 그것을 가지거나, 하거나, 될 수 있다고 믿지 않는 마음이다.

무언가를 원하면서도 실제로는 가질 수 있다고 믿지 않으면, 그것에 대한 당신의 행동은 어떠하겠는가?

아마도 다음과 같을 것이다!

- 주저한다
- 두려워한다
- 실패를 예상한다
- 이루어지지 않을 거라고 믿으며 행동한다
- 자기 자신에 대한 믿음이 없어진다
- 다른 사람이 나보다 더 잘할 거라고 믿으며 행동한다

이제 사람들이 자신이 진심으로 원하는 것을 얻기도 전에 그것들을 포기하는 이유가 이해되는가?

문제는 단지 자신의 욕구를 실현하기 전에 포기하는 것뿐만이 아니다. 많은 사람이 살아가면서 실패를 거듭해 왔기 때문에 자기 자신을 믿지 않는 훈련이 되었다는 것이다.

많은 사람이 살아가면서 실패를 거듭해 왔기 때문에 자기 자신을 믿지 않는 훈련이 되었다.

자신을 믿는 법

이제 당신이 앞에서 말한 야구 경기에 나섰다고 생각해 보자. 이번에는 메이저리그 투수 대신 배팅용 티(어린이들이 타격을 훈련하기 위해 공을 올려놓고 치게 만든 도구) 위에 올려 놓은 공을 치는 것이다.

이번에는 당신이 공을 칠 수 있다고 자신만만하지 않겠는가?

대부분의 사람들이 티 위에 놓인 공을 치는 것에는 자신감을 가질 것이다. 그렇다면 문제는 다음과 같은 형태가 된다.

> 욕구: 나는 공을 치기 원한다.
> 믿음: 나는 할 수 있다.
> 행동: 야구 방망이를 힘껏 휘두른다.
> 결과: 안타를 친다.

차이를 알겠는가?

많은 사람이 자신의 목표에 실제로 도달할 수 있다고 믿지 않기 때문에 자신감을 가지지 못한다. 자신감이 없기 때문에 적극적인 행동을 하지 않는다. 적극적인 행동을 하지 않기 때문에 원하는 결과를 얻지 못한다. 원하는 결과를 얻지 못하기 때문에 자신감을 갖지 못한다. 이것은 내가 "죽음으로 내려

"목표를 세우라"는 충고가 대체로 도움이 안 되는 이유를 알겠는가?

가는 나선"이라고 부르는 것이다.

물론 세상일이 티 위의 공을 치는 것처럼 쉽지는 않다. 그러나 자신을 믿지 못하고, 적극적인 행동을 하지 않으며, 원하는 결과를 얻지 못하는 사람을 상상해 보라. 그 사람에게 어떤 목표를 세우라고 했다고 하자. 그 사람이 그 일에 적극적으로 참여하면서 자신의 목적에 이를 수 있다고 믿지 않고 적당히 흉내만 낼 가능성이 많은 이유를 이해할 수 있겠는가? "목표를 세우라"는 충고가 대체로 도움이 안 되는 이유를 알겠는가?

그러므로 우리는 이제 처음으로 돌아가서, 먼저 자신의 목표를 달성할 수 있다고 믿는지 확인해야 한다.

욕구의 사이클을 바꾸어야 한다

자신에게 원하는 것을 묻고 목표를 세우는 일은 결코 잘못이 아니다. 오히려 이것은 어떤 일을 이루는 데 있어서 필수적인 과정이다. 그러나 실제로 목표를 성취할 수 있다는 믿음이 없다면 목표를 세우는 일은 사실상 시간 낭비에 다름없다.

그래서 단지 "목표를 세우라"고만 하지 않고, 실제로 목표를 이룰 수 있다고 믿으며, 정말로 원하는 것을 성취하도록 어포메이션 방법으로 단계적 과정을 전해 주는 것이다.

다시 말해서 나는 당신이 공을 칠 수 있다고 믿는다. 이 책을 다 읽고 나면 반드시 그렇게 될 것이다!

지금 당신이 해야 할 일

1. 당신의 삶에서 중요한 열 가지 영역을 생각해 보고 그중에서도 당신이 진정으로 원하는 것을 스스로에게 물으라. 이것은 당신의 진정한 욕구를 찾기 위한 첫 단계다(모든 것이 욕구에서 시작된다는 것을 기억하라). 이 일을 위해 3부에서 삶의 중요한 영역 열 가지 목표를 정하도록 도와주는 구체적인 어포메이션 400가지를 소개한다. 열 가지 영역은 다음과 같다.

- 건강과 웰빙
- 돈과 풍요로움
- 자신감 고취
- 일과 진로
- 사랑과 친밀함
- 가정과 대인 관계
- 두려움 극복
- 나쁜 습관 이기기

- 영성
- 삶과 행복

2. 자기 자신에게 진정으로 원하는 것을 질문하면서 욕구를 찾아 글로 쓰라. '기록이 기억보다 낫다.'라는 말이 있다. 물론 당신은 백일몽을 꾸고, 별 생각 없이 끄적거릴 수 있다. 그러나 시간을 들여서 감정적으로 몰입하며 이 책을 읽는 만큼, 당신의 욕구와 목표, 꿈을 글로 표현해야 하지 않겠는가? 그러므로 당신의 욕구를 어포메이션 일기에 쓰기 바란다.

3. 가능한 한 구체적으로 욕구를 표현하라. 뉴욕에서 로스앤젤레스까지 운전하는 예를 생각해 보라. 막연하게 최선을 바라는 것과 구체적인 계획을 세우는 것 중 어느 것이 나은가? 당신의 삶은 대륙 횡단 여행보다 중요하지 않은가?

다음은 건강과 웰빙 영역에서 당신이 실천하거나 이루고 경험하기 원하는 목록에 포함시킬 수 있는 것들이다.

내가 원하는 것은…
- ○년 ○월 ○일까지 몸무게를 10킬로그램 줄이는 것이다
- 다시 스키니진을 입을 수 있게 되는 것이다

- 더 건강한 식품을 먹기 시작하는 것이다

- 건강에 좋지 않은 식품을 먹지 않는 것이다

- 더 편안하게 숙면을 취하는 것이다

- 내 몸에 대해 더 자신감을 가지는 것이다

이런 것은 구체적이면서도 측정 가능하고 실제적인 목표다. 목표는 곧 목적지임을 명심하라. 운전할 때 아무 생각 없이 운전을 시작하면서 언젠가 어느 곳엔가 도달하기를 바라지 않는 것과 마찬가지다. 아무리 가까운 곳에 있는 마트에 가더라도 구체적인 목적지를 생각하는 것이 일반적이다.

그러므로 영역별로 최소한 한 가지 목표, 혹은 목적지를 반드시 적으라. 당신이 어디로 가는지 아는 것이 중요하기 때문이다. 가능한 한 많은 목표를 세워야 하는 것은 아니다. 하지만 당신의 두뇌는 생각보다 많은 일을 할 수 있다는 것을 기억하기 바란다(이에 대해서는 다음에 설명할 것이다).

이제 다음 단계의 어포메이션 방법으로 넘어가겠다. 이것은 당신의 삶을 변화시키기 시작하는 단계다!

4

어포메이션 2단계:
어폼한다

**"학생의 태도를 가지라.
질문할 필요가 없을 정도로 대단하거나
새로운 것을 배울 필요가 없을 정도로 많이 아는 체하지 말라."**

– 오그 만디노

이 책이 전형적인 자기 계발 서적이라면 "당신의 목표를 세웠으니(자신이 원하는 것을 질문했다) 이제 그것을 성취하기 위한 계획을 수립하라"고 할 것이다.

사실 그렇게 말하는 것이 논리적이지 않은가?

대륙횡단 여행처럼 목적지를 안 다음에는 필요한 물품을 꾸려서 출발해야 하지 않겠는가?

한 가지만 빼면 그렇게 해도 될 것이다, 대부분의 사람들은 자신의 목표를 이룰 수 있다고 믿지 않는다는 그 골치 아프면서도 피할 수 없다는 사실 말이다.

핵심은 이것이다.

지금까지 우리는 믿음의 간격을 극복할 단순하고 구체적이고 증명된 방법을 빠뜨리고 있었다. 바로 이것이다.

어포메이션 방법 2단계:
원하는 것이 이미 이루어졌다고 여기는
새로운 질문을 만든다

어포메이션 방법 2단계는 힘을 주는 질문, 즉 원하는 것이 이미 그렇게 이루어진 것으로 여기는 질문을 만들기 시작하는 것이다.

이것은 삶을 변화시키는 어포메이션의 핵심이다.

작용 원리

우리의 삶은 우리가 심고 에너지를 불어넣은 생각의 씨앗이 반영된 것이다. 더 정확히 말하면 우리의 삶에 대해 우리가 무의식적으로 가정하는 것을 반영한 것이다.

예를 들어 만일 당신이 돈이 많지 않은 환경에서 성장했다면 돈을 버는 것이 힘들다고 가정할 가능성이 높다. 이러한 가정은 무의식적으로 이루어지기 때문에 당신이 이러한 생각을 가지고 있다는 인식조차 하지 않을 수 있다.

만일 당신이 마음속에 심고 있는 생각의 씨앗을 녹음하여 밖으로 재생할 수 있는 기계가 있다면 아마도 이렇게 들릴 것이다.

- 나는 왜 빈털터리지?
- 나는 왜 돈이 충분하지 않지?
- 나는 왜 더 성공하지 못하지?
- 나는 왜 다른 사람보다 앞서지 못하지?
- 다른 사람들은 왜 나보다 돈이 더 많은 거지?

당신의 무의식적인 생각의 씨앗을 녹음하여 반영하는 메커니즘이 있고, 그 메커니즘이 바로 당신의 삶이다!

절망 가정

당신이 무의식중에 스스로에게 부정적인 질문을 하면, 그 질문은 힘을 빼는 가정으로 이어지고, 목표에 이를 수 있다고 믿지 않는 것으로 이어진다. 앞에서 예시한 부정적인 질문에 대한 답이 어떻게 될 것 같은가?

그 대답들은 당신이 무의식적으로 하는 힘을 빼는 질문을 반영하여 당신의 삶에 그대로 나타난다.

예를 들어 당신이 자신도 모르게 '나는 왜 행복하지 않지?'라고 계속 물어 왔다면, 그 대답은 아무리 좋은 일이 많아도 당신은 불행한 것으로 나타날 것이다.

> 당신이 무의식중에 스스로에게 부정적인 질문을 하면, 그 질문은 힘을 빼는 가정으로 이어지고, 목표에 이를 수 있다고 믿지 않는 것으로 이어진다.

또한 당신이 무의식적으로 '나는 왜 돈이 부족하지?'라고 계속 묻는다면, 그 대답은 당신이 아무리 열심히 오랫동안 일해도 돈이 부족한 것으로 나타날 것이다.

당신이 무의식적으로 '나는 왜 체중을 줄일 수 없지?'라고 계속 묻는다면, 그 대답은 아무리 다이어트를 하고 운동을 해도 체중을 줄이지 못하는 것으로 나타날 것이다.

이것을 표로 나타내면 다음과 같다.

무의식적으로 계속 해 온 질문 (힘을 빼는 가정)	그것이 삶에 나타나는 방법
나는 왜 불행할까?	거의 늘 불행하다.
나는 왜 빈털터리일까?	돈이 생겨도 돈을 모으지 않을 방법을 찾는다.
나는 왜 체중을 줄일 수 없을까?	아무리 노력해도 체중을 줄이기 어려워진다.

이것을 나는 절망 가정(dassumptions)이라고 부른다. 힘을 빼는 것 (disempowering)과 가정(assumptions)을 합친 말이다. 이런 절망 가정을 가지고 살면 삶이 그것을 반영하게 된다. 목표를 세워도 이루어지지 않는다. 목표를 이룰 수 있다고 믿지 않기 때문이다.

극복하는 방법

어포메이션 방법 2단계를 실천하면 무의식적으로 이루어지던 것을 의식적인 것(가시적인 것)으로 바꾸게 되고, 그 과정에서 부정적이던 믿음(힘을 빼는 것)을 긍정적인 믿음으로 바꾸게 된다.

앞에서 제시한 부정적인 질문들을 바꾸면 아마도 이렇게 될 것이다.

- 나는 왜 이렇게 행복하지?

- 나는 왜 돈이 많지?

- 나는 왜 다이어트가 쉽지?

- 나는 왜 여유가 있지?

지금은 이러한 질문이 당신에게 친숙하지 않을 수 있다(심지어 이상할 수도 있다). 그렇지만 잠시만이라도 이러한 질문이 사실이라고 받아들여 보라.

보통 사람과는 다른 삶을 살게 되지 않겠는가? 물론 현재의 당신의 삶과도 다른 삶이 될 것이다.

삶의 질을 결정짓는 것

당신의 삶의 질은 두 가지, 즉 당신의 내면이 세상과 나누는 소통의 질과 당신의 외면이 세상과 나누는 소통의 질에 의해 결정된다. 2단계를 실천하면 당신의 내면이 세상과 나누는 소통의 질이 변화된다. 당신 자신에게 힘을 주는 질문을 시작하게 되어 힘을 빼는 질문을 중단하게 되는 것이다.

당신의 삶의 질은 두 가지, 즉 당신의 내면이 세상과 나누는 소통의 질과 당신의 외면이 세상과 나누는 소통의 질에 의해 결정된다.

그리고 어포메이션 방법의 나머지 단계를 실천하게 되면 당신의 외면이 세상과 나누는 소통의 질도 변화된다. 이것은 당신의 안과 밖이 세상과 나누는 소통의 질을 변화시켜 삶을 변화시키는 가장 빠르고 효과적인 방법이다.

카이샤라는 영국의 고객이 보내 준 이메일을 예로 들어 보겠다.

노아 님께,

다시 한 번 감사하다는 말씀을 드립니다.

어포밍을 실천한 지 18개월이 되지만, 최근에 님이 온라인에 올린 글을 읽기 전까지는 돈에 대해서 이것을 사용하지 않았습니다.

저는 돈을 더 벌지 못하면 집을 잃게 될 수도 있다는 생각에 두려워하고 있었습니다. 그래서 '왜 내 수입이 두 배나 늘어났지?'라고 어포메이션 했습니다.

그러자 한 달도 못 되어 매출이 세 배가 되었습니다.

감사합니다!

얼마 후 나는 카이샤에게 축하하는 메일을 보내 그녀의 이야기를 공유해도 되는지 물었다.

그녀는 이렇게 회신했다.

물론입니다! 현재 급여의 두 배를 주겠다는 새 직장에서 연락을 받았다는 것도 말씀해 주세요.

이유를 묻는 이유

어포메이션에 대해 가장 많이 받는 질문 중 하나가 "왜 모든 말이 '왜'라는 말로 시작됩니까?"이다. 좋은 질문이다!

인간의 행동을 지배하는 기본적인 힘은 '왜'와 '어떻게' 이 두 가지다. 즉 '왜'는 어떤 일을 하는 동기이고, '어떻게'는 그 일을 하는 방법이다.

나는 종종 내가 코칭하는 고객과 세미나 청중, 마인드 마스터 학생들에게 이런 질문을 한다.

'왜'와 '어떻게' 중 어느 것이 더 강력하다고 생각합니까?

그 질문에 대답하기 위해 또 하나의 질문을 하겠다.

어떻게 해야 하는지 알면서 실제로 하지 않은 일이 있습니까?

당신에게는 지금 당장 할 수 있지만 하지 않는 일이 수없이 많다. 이를테면 나체로 길거리를 달리기, 선인장 껴안기, 친구와 싸우기 등이다(이런 일을 하지 말기 바란다).

당신은 이런 일을 하는 방법을 알고 있지만(원하면 할 수 있다는 의미다), 그 일을 해야 할 이유를 알지 못한다(진정으로 그 일을 원하지 않는다는 의미다).

이처럼 동기는 언제나 방법을 이긴다. 이유가 늘 방법을 이긴다는 의미다. 그래서 어포메이션은 '왜'라는 말에서 시작한다.

어포메이션이 '왜'로 시작하는 또 하나의 이유가 있다.

'나는 왜 이렇게 부유하지?'라는 어포메이션을 했다고 하자. 당신의 마음은 즉시 그 질문에 대한 답을 찾기 시작한다. 실제로 당신의 마음이 당신이 가진 모든 것에 집중하게 한다는 의미다.

반면 '어떻게 해서 내가 이렇게 부유해졌지?'라고 물으면, 당신은 당황할 가능성이 높다. 실제로 부유해지기도 전에 부자가 된 방법을 찾으라고 했기 때문이다. 아마도 "지금 무슨 말을 하는 건지 잘 모르겠습니다."라는 식으로 대답할 것이다.

동기는 언제나 방법을 이긴다.

방법을 묻는 질문 자체에는 아무 잘못이 없다. 어떤 목적이든 이루려고 할 때는 그 방법을 알아야 하기 때문이다.

문제는 마음이 어떤 일을 하는 방법에 당황할 수 있다는 것이다. 예를 들어 당신이 스스로를 향해 '내가 어떻게 이 일을 했지?'라는 질문과 '내가 어떻게 저 일을 했지?'라는 질문을 한다면, 어포메이션처럼 내재된 전제 요인을 활성화시키지 못할 것이다.

그러므로 어포메이션은 힘을 주는 질문의 구체적인 형태인 '왜'라는 말로 시작한다. '네가 원하는 것이 이미 이루어져 있다'는 가정을 전제로 질문하여 그 부분의 뇌를 활성화시키고 실제로 그것을 찾게 한다.

그러면 당신에게 감추어져 있던 능력이 풀려나고, 그 능력이 행동을 취하여 삶을 변화시킨다.

어포메이션의 핵심

핵심적으로 말하면, 어포메이션 방법 2단계는 자신에게 "왜 '내가 원하는 것'이 지금 나의 삶에 이루어져 있는가?"라고 묻는 것이다.

왜 이것이 통할까?

우리 두뇌에 내재된 전제 요인 때문이다.

내적으로든 외적으로든 당신이 질문을 하면 당신의 두뇌는 그 답을 찾게 되어 있다.

기억하라. 당신은 힘을 빼는 질문을 할 수도 있고 힘을 주는 질문을 할 수도 있다. 선택은 당신의 몫이다.

지금 당신이 해야 할 일

1. 1단계에서 삶의 중요한 열 가지 영역에 관해 당신이 기록한 것들

을 다시 읽어 보라. 당신이 쓴 것이 맞는가? 아니라면 지금 다시 작성하라. 어디에 가려면 가려는 곳을 알아야 한다.

2. 각 영역에서 원하는 것을 하나씩 선택하여 그것이 이미 이루어졌다고 가정하고 힘을 주는 질문을 만들라. 예를 들어 특정한 어느 날까지 체중을 10킬로그램 줄이기 원한다면, 그에 대한 어포메이션은 '왜 나는 ○○(날짜)까지 10킬로그램을 줄였지?'가 될 것이다. 원하는 것이 사업에서 돈을 더 많이 버는 것이면, '왜 나는 돈을 더 벌기 시작했지?'가 될 것이다.
원하는 것이 흡연과 같이 나쁜 습관을 극복하는 것이면, '왜 이렇게 나는 금연이 쉽지?'가 될 것이다.

3. 자신의 구체적인 상황을 위해 이 책 3부에서 삶의 각 영역에 사용할 구체적인 어포메이션을 공부하라. 3부에서는 힘을 주는 질문의 예를 수백 가지 제시할 것이다. 힘을 주는 질문이 다양하게 제시되어 있으므로 다양한 상황에 사용할 수 있을 것이다. 대표적으로 다음과 같은 것들이 있다.

- 왜 나는 ○○하기가 쉬울까?
- 왜 나는 ○○할까?
- 왜 나는 ○○했을까?

- 왜 나는 ○○을 가지고 있을까?

- 왜 나는 ○○을 좋아할까?

　당신이 할 수 있는 질문은 한없이 많으므로 이러한 예문을 출발점으로 삼아 당신 스스로 새롭게 힘을 주는 어포메이션을 만들기 바란다.

　이제 가장 중요하고 절대 놓치면 안 되는 어포메이션 방법 3단계로 가자.

5

어포메이션 3단계:
받아들인다

원하는 것을 확인하고(1단계) 그 욕구에 관하여 힘을 주는 질문을 만들었다면(2단계), 다음 단계는 그 질문에 대한 모든 답을 찾는 것이 되어야 하지 않을까?

그렇지 않다. 반직관적이긴 하지만 어포메이션

> 어포메이션의 핵심은 당신이 가지지 못한 것이 아니라 가진 것에 집중하는 것이다.

의 핵심은 당신이 만든 질문에 대답하는 것이 아니다. 당신의 마음을 새로운 방식으로 사용하는 것이다. 즉 당신이 가지지 못한 것이 아니라 가진 것에 집중하는 것이다.

그래서 어포메이션 3단계는 이러하다.

어포메이션 3단계:
새로운 질문이 진실이라고 받아들인다

이를 설명하기 위해 애리조나주 피닉스에 있는 골든 키 미니스트리 (The Golden Key Ministry)의 존 애덤스에게서 온 이야기를 소개하겠다.

노아 님께,

제 친구 샘과 셜리의 실화를 말씀드리겠습니다. 두 사람은 제가 어포메이션 책을 처음 읽고 나서 가르친 사람입니다.

셜리는 미조리주 유니티에서 사역 프로그램을 맡고 있었기에 자신의 집을 팔고 켄자스 시티로 이사할 계획을 세웠습니다. 그들은 4월 초에 집을 매매한다고 내놓았지만 아무 결과가 없었습니다. 가끔씩 집을 보러 오는 사람들이 있었지만 사겠다고 하는 사람은 없었습니다.

5월 5일 토요일, 샘과 셜리는 자기들의 집을 사려는 사람이 없다고 제게 말했습니다.

그러면서 6월 초에 이사를 해야 하기에 초조하다며 저의 자문을 요청했습니다. 저는 그들에게 집 안의 모든 방을 돌아다니며 "왜 이 집은 적당한 사람에게 적당한 가격에 쉽게 팔리지?"라고 축복하면서 어포밍하라고 했습니다.

다음 날 오후에 한 커플이 집을 보러 왔습니다. 그리고 며칠 뒤인 화요일에 낮은 금액을 제안했습니다. 그러나 샘과 셜리는 계속 어포밍을 하며 더 높은 가격을 제안했습니다. 화요일 오후에 그 가격이 받아들여졌습니다!

모든 일이 일사천리로 진행되어 5월 31일에 거래가 마무리되었습니다. 샘과 셜리는 지금 진정한 어포머로 미주리에서 행복하게 살고 있습니다!

뇌와 구글이 비슷한 이유

구글은 세계에서 가장 인기 있는 검색 엔진이다. 구글 검색에 어떤 단어나 문장을 입력한다는 것은 "헤이, 구글, 이 질문의 답을 찾아 줄 수 있어?"라고 질문하는 것이다. 그러면 구글은 자동으로 당신이 질문한 것에 대한 답을 찾아낸다.

당신의 마음도 이와 똑같이 움직인다. 당신이 자신에게 질문을 하면(힘을 주는 질문이든 힘을 빼는 질문이든 상관없다) 당신의 마음은 자동으로 답을 찾기 시작한다.

하지만 당신의 두뇌와 구글 사이에는 한 가지 큰 차이가 있다. 구글은 질문을 변화시킬 수 없다. 당신이 입력한 질문에 "난 지금 그 질문에 대답하고 싶지 않아요. 대신 다른 질문에 대답할게요!"라고 할 수 없다. 그렇기 때문에 구글은 인간이 설계한 소프트웨어 프로그램이다. 의식적인 선택을 할 수 없는 것이다.

그러나 당신은 할 수 있다. 당신은 인간이다. 당신은 어느 순간이든 하고 싶은 질문을 선택할 수 있다. 지금 당신은 힘을 주는 질문을 할지, 아니면 힘을 빼는 질문을 할지 선택할 수 있다. 그러면 뇌가 어느 쪽이든 답을 찾는다.

> 당신은
> 힘을 주는 질문을 할지,
> 아니면 힘을 빼는 질문을
> 할지 선택할 수 있다.
> 그러면 뇌가 어느 쪽이든
> 답을 찾는다.

당신이 "왜 나는 아무 일도 제대로 하지 못할까?" "왜 나는 빈털터리일까?" "왜 나는 이렇게 뚱뚱할까?"와 같은 부정적인 질문을 계속한다면(이런 질문은 의식적으로, 혹은 무의식적으로 할 수 있다) 당신의 똑똑한 두뇌는 답을 찾아낼 것이다. 어떤 답이겠는가? 당신은 한 번도 무언가를 제대로 해 본 적이 없는 것처럼, 빈털터리처럼, 엄청 과체중인 것처럼 느끼게 될 것이다.

아이러니하게도 당신이 세상에서 가장 똑똑하고, 돈을 많이 가지고 있고, 다른 사람이 보기에 날씬해도, 그러한 믿음이 사실이 될 것이다(당신이 똑똑한데도 어리석다는 느낌을 가지고, 돈을 많이 가지고 있지만 빈털터리라고 느끼고, 날씬한데도 뚱뚱하다는 느낌을 가질 수 있다. 나는 매우 똑똑하면서도 철저히 이런 잘못된 사실을 확신하는 사람들을 많이 멘토링하고 코치해 보았다).

당신이 이와 같이 힘 빠지는 질문을 하고 있음을 의식하지 못해도(무의식적으로 그렇게 하기 때문이다) 마음은 그것이 당신에게 사실이 되게 할 이유를 찾고 있을 것이다.

당신의 뛰어난 두뇌를 사용하는 법

그러나 이 모든 것을 위한 좋은 소식이 있다. 정말로 굉장한 소식이다.

당신은 인간으로서 인간의 두뇌를 가지고 있다. 즉 선택을 할 수 있다. 무엇을 생각할지, 무슨 말을 할지, 어떤 행동을 할지 선택할 수 있다. 당신은 언제나(바로 지금도) 선택을 할 수 있기 때문에 이런 결정을 할 수 있는 완전한 권한을 가지고 있는 것이다.

이것이 당신의 뛰어난 두뇌가 지닌 가장 놀라운 면이다. 다시 말해서 당신은 당신이 원할 때 얼마든지 질문을 바꿀 수가 있다.

설령 몇 달, 몇 년, 아니 수십 년 동안 힘 빠지는 질문을 해 왔더라도 지금 당장 당신이 하고 있는 질문을 바꿀 수 있다.

어포메이션을 사용하기 시작하면

다시는 힘 빠지는 질문으로 돌아갈 필요가 없다.

질문에 자신을 맡기는 방법

내가 코칭하는 사람이나 마인드 마스터 그룹에게 "당신이 하는 새로운 질문을 진실로 받아들이세요."라고 하면 종종 그것이 무슨 뜻인지 묻는다. 다음은 자신에게 힘을 주는 새로운 어포메이션을 하면서 그것을 사실로 받아들이는 간단한 방법 네 가지다.

1. 읽기
2. 쓰기
3. 말하기
4. 듣기

이것은 인간이 소통하는 네 가지 방식이다. 질문에 자신을 맡긴다는 것은 이 모든 것을 사용하여 당신이 새롭게 한 질문이 진실임을 받아들이는 것이다.

그러면 사람들은 "어떤 방법이 가장 **빠릅니까?**"라고 묻는다(사실상 그들이 묻는 것은 "이 중 어느 것에 가장 많은 시간을 들여야 합니까?"이다).

네 가지가 모두 중요하지만 나의 경험으로 볼 때 가장 빨리 결과를 얻는 것은 '듣기'이다.

왜 '듣기'가 가장 빠른 결과를 보일까? 지금까지 당신이 자기 자신에 대해 얼마나 많이 부정적인 생각을 해 왔는지 생각해 보라. 10억 번? 100억 번? 그렇게 큰 수를 셀 수나 있는가?

지금까지 우리가 우리 자신에 대해 가졌던 부정적인 생각은 셀 수도 없을 만큼 많다. 이런 생각을 하다 보면 우리는 머릿속에서 그러한 생각들을 효과적으로 '듣는' 셈이 된다.

반면 힘을 주는 어포메이션을 듣고 있을 때에는 부정적인 생각으로부터 빠져 나와 그것에 힘을 실어 주는 일을 중단하게 된다. 그래서 나는 아이어폼 오디오(iAfform Audios)를 만들었다.

아이어폼 오디오는 영감을 주는 배경 음악과 힘을 주는 어포메이션이 어우러지게 만든 것으로 언제 어디서든 들을 수 있다. 분주하게 다른 일을 하면서도 두뇌를 전환시켜 욕구를 드러내도록 돕는 효과가 있다.

이 오디오는 음식을 먹을 때나 운동을 할 때나 일을 할 때나 차 안에 있을 때, 컴퓨터 앞에 있을 때, 사무실에 있을 때 등 언제든 들을 수 있다. 많은 사람이 잘

> 지금까지 당신이 자기 자신에 대해 얼마나 많이 부정적인 생각을 해 왔는지 생각해 보라.

> 힘을 주는 어포메이션을 듣고 있을 때에는 부정적인 생각으로부터 빠져 나와 그것에 힘을 실어 주는 일을 중단하게 된다.

때도 이 오디오를 듣는다!

전 세계 고객들의 요청에 따라 나는 삶의 다양한 영역을 위한 아이어폼 오디오를 만들었고, 그 안에는 다음과 같은 것들이 있다.

- 최고의 자기 신뢰
- 최고의 부
- 쉽게 체중 줄이기
- 깊고 편안하게 숙면하기
- 인생의 목표대로 살기
- 그 외 다수

이에 대해 캐나다의 재무 전문가 크리스는 다음과 같은 글을 써 보냈다.

노아 선생님, 저는 3주 동안 최고의 부 아이어폼 오디오를 듣고 이제 막 나의 첫 번째 백만 달러 고객과의 계약을 마무리지었습니다!

독일의 마이클은 나에게 다음과 같이 놀라운 이야기를 보내 주었다.

안녕하세요, 노아 선생님,

나는 아이어폼 파워팩을 모두 구입했어요. 내가 어포메이션에 푹 빠진 이유가 궁금하시죠? 어포메이션이 2011년 6월 29일 몇 분 만에 나의 인생을 바꾸어 놓았어요.

나는 만성적으로 꾸물대는 사람으로 '직업'과 '일'이라는 단어에 큰 저항감을 가지고 있었어요. 또한 어떤 사람이 되거나 어떤 일을 하거나 어떤 것을 가질 수 없다고 생각했어요. 그래서 자신감이 없었어요. 아이어폼 파워팩을 사용하기 전에는 그것을 깨닫지조차 못했어요. 그런데 어느 날 저녁 몇 분 만에 엄청난 변화가 일어났어요.

무료로 받은 60초 아이어폼 스트레스 퇴치를 들은 후(그것을 5분 동안 반복하여 듣고 완전한 평온이라는 엄청난 결과를 얻었어요) 'iAfform.com' 에서 파워팩을 모두 구매했어요.

내가 당신의 프로그램을 만났을 땐 사실 아내 실비아와의 이혼 서류를 책상 위에 놓고 사인을 하려던 참이었어요. 하지만 그 순간 나는 어포메이션을 아내에게 소개했어요. 그래서 지금 우리는 최고의 친구가 되었고 다시 사랑하게 되었어요. 지금 우리는 26개의 어포메이션 목록을 만들어 매일 아침 쓰고 하루 종일 틈이 날 때마다 읽어요. 3개월 동안 그렇게 하기로 했어요.

나는 당신 회사의 코치 자격증도 받으려 해요. 머잖아 시작할 거예요.

노아 선생님, 감사해요, 우리의 인생을 바꾸어 주셔서요!

'iAfform.com'에서 무료로 제공하는 60초 아이어폼 스트레스 퇴치를 다운받아서 아이어폼 오디오를 시도해 보기 바란다. 어포메이션을 사용하면 불과 60초 만에 스트레스를 떨쳐 버릴 수 있을 것이다!

지금 당신이 해야 할 일

1. 2단계에서 작성한 당신의 어포메이션 목록을 꺼내라. 그 모든 것이 당신 자신에게 무엇을 원하는지 묻는 것에서 시작한다는 것을 명심하라(1단계). 그다음 우리는 힘을 주는 어포메이션으로 넘어갔다(2단계). 이 단계를 아직 마치지 않았다면 지금 시작하라!

2. 각각의 어포메이션에 인간 소통의 네 가지 방식을 사용함으로써 당신의 새로운 질문이 사실임을 받아들여라. 그러기 위해서 당신은 다음과 같이 해야 한다.

   - 당신의 새로운 어포메이션을 읽는다
   - 그것을 쓴다
   - 그것을 말한다
   - 그것을 듣는다

만일 당신이 체중을 줄이기 원한다면 이렇게 할 수 있다.

- 이 책의 건강과 웰빙에 관한 장에서 제시한 건강 어포메이션을 읽는다
- 당신의 구체적인 상황에 적용할 내용을 어포메이션 일기에 쓴다
- 혼자서, 혹은 친구와 함께 그것을 소리 내어 말한다
- 'iAfform.com'에 있는 최고의 건강 아이어폼을 듣는다

6

어포메이션 4단계:
행동한다

"흥미롭게도 방법을 묻는 '질문'에는
'탐구'라는 말이 포함되어 있다.
그래서 아무리 작은 질문도
가시덤불을 헤치고 나아가는 여정이 된다."

– 캐서린 발렌트

지금도 당신은 삶과 당신의 관계에 대해 무의식적으로 수천 가지의
가정을 하고 있을 것이다. 이런 가정은 당신이 삶을 살아가는 방법의

기초를 형성하는데, 그것은 긍정적일 수도 있고 부정적일 수도 있으며, 자신만만할 수도 있고 주저할 수도 있으며, 사랑일 수도 있고 두려움일 수도 있다.

예를 들어 당신이 무의식적으로 하는 가정이 '일은 나에게 언제나 가장 좋은 방향으로 전개된다.'라고 하자. 그런 가정을 할 때 당신은 어떻게 행동할 것 같은가?

아마도 당신의 행동은 자신만만할 것이고, 확신에 넘치는 자세로 일시적으로 실패해도 한결같이 지속하는 경향을 보일 것이다.

그렇다면 이와 반대되는 가정을 할 땐 어떻게 될까?

당신이 무의식적으로 믿는 것이 '나에게는 왜 좋게 흘러가는 일이 없지?'라고 해 보자.

이런 가정을 하면 당신은 주저하는 행동을 보일 것이며, 패배자의 자세로 저항이나 거부의 신호가 나타나기만 해도 포기하는 경향을 드러낼 것이다.

다시 말해 당신의 행동은 주저함과 두려움, 그리고 '굳이 이렇게 해야 할까?'라는 불확신에 근거할 것이다.

그래서 어포메이션 방법 네 번째 단계는 이렇게 된다.

어포메이션 4단계:
삶에 대한 새로운 가정에 근거하여 새로운 행동을 한다

욕구의 사이클 결론

앞에서 소개한 욕구의 사이클을 기억하는가? 이제 그 사이클의 나머지 부분을 소개하겠다.

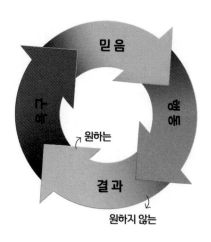

우리는 가장 먼저 욕구에서 시작했다. 즉 당신은 무언가를 원한다.

다음은 믿음이다. 당신은 그것을 가지거나 할 수 있다고 믿거나 믿지 않는다.

그다음은 행동이다. 당신은 그 믿음에 근거하여 행동한다. 당신이 원하는 것이 불가능하다고 믿을 땐 별로 행동을 하려고 하지 않는다. 즉 당신이 원하는 것을 이루려 하지 않음으로써 당신이 옳다는 것을 증명하려 할 것이다.

그러나 당신이 원하는 것이 가능하다고 믿는다면, 당신은 적극적으로 행동할 뿐 아니라 끝까지 계속 노력할 것이다!

그러면 어떤 일이 일어날까? 당신이 원하고 믿고 행동하면, 원하는 것이 무엇이든 그것을 늘 얻게 되지 않겠는가?

아니, 그렇지 않다. 반드시 그렇다고는 할 수 없다.

이런 강의를 하는 사람 대부분이 이에 대해 말하는 것을 그리 좋아하지 않는다. 그러나 사실 우리 모두가 경험하는 과정은 이렇다. 무엇을 원하여 그것이 정말로 이루어질 거라 믿으며 전심을 다해 행동하지만 얻지 못한다.

원하는 것이 예쁜 여성과 데이트하는 것이든 운동 경기에서 우승하는 것이든, 우리는 엄청난 실망과 좌절을 겪을 뿐 아니라 우리가 원하는 대로 일이 이루어지지 않는다는 것을 경험한다. 우리가 모든 일을 제대로 했는데도 말이다.

다시 말해 욕구와 믿음과 행동 다음에는 마지막 단계인 결과가 있다. 즉 당신이 무엇을 원하고 믿고 행동하면, 그다음에는 결과가 나타난다.

원하는 결과 vs. 원하지 않는 결과

우리는 두 종류의 결과를 경험할 수 있다(이것은 삶에서 더욱 곤혹스러운 부분 중 하나다). 바로 '원하는 결과'와 '원하지 않는 결과'다.

원하는 결과란 우리가 원하는 것을 이루어 데이트를 하고, 트로피를 차지하며, 체중을 줄이고, 고객을 확보하는 것 등의 일이 이루어지는 것이다.

원하지 않는 결과란 이와 반대로 우리가 원하는 것을 얻지 못하는 것이다.

만일 이 책이 전형적인 성공 서적이라면 "열심히 노력하십시오. 그러면 원하는 것을 얻을 것입니다."라는 식으로 말할 것이다.

그러나 당신과 나는 반드시 그렇게 되지는 않는다는 것을 알고 있다. 때로는 당신이 정말로 열심히 노력했는데도 바라던 결과를 얻지 못할 수 있다. 물론 그와 반대되는 경우도 있을 수 있다. 어떤 때는 당신이 별로 기대하지 않았는데도 원하는 일이 이루어지는 것이다.

일화를 하나 소개하겠다.

어느 날 내 친구 잭 캔필드에게 사람들을 고취시킬 책을 쓸 아이디어를 주어야겠다는 생각이 들었다. 계속 생각하다가 '영혼을 위한 닭고기 수프'라는 이름이 떠올라 책 제목을 그렇게 정했다. 잭과 그의 공저자 마크 빅터 한센은 그 책이 출판되기를 바라면서 그들이 할 수 있는 최선을 다해 출판사와 접촉했다.

그들이 접촉한 첫 번째 출판사에서 어떤 일이 일어났을 것 같은가? "뭐를 위한 닭고기 수프라고요? 말도 안 되는 소리예요!"였다. 결국 그들 앞에서 문이 '쾅' 하고 닫혔다(효과적인 설명을 위해 과정을 서술하고 있지만, 핵심은 거절을 당했다는 것이다).

두 번째 출판사는 어땠을까?

쾅! 동일한 결과였다.

세 번째 출판사도 쾅! 그렇게 네 번째, 다섯 번째, 여섯 번째 출판사와 접촉했다. 결과가 어떠했는지는 말하지 않아도 잘 알 것이다.

잠시 멈추어 이 이야기에서 어떤 일이 일어나고 있는지 살펴보자. 잭은 책을 출판하기 원하는 욕구를 가졌다. 또 그의 책을 출판할 출판사를 찾을 것이라는 믿음을 가졌다. 그들은 책에 대한 아이디어를 계속 소개하면서 행동했다. 그래서 그들은 계속 결과를 얻었다. 문제는 원하지 않는 결과라는 것이었다. 계속 거절을 당한 것이다.

그들이 원하는 결과를 얻기까지 몇 번이나 원하지 않는 결과를 얻었을 것 같은가?

열 번? 스무 번? 서른 번?

백 마흔 네 번이었다. 그들은 원하지 않는 결과를 백 마흔 네 번이나 얻었다. 백 마흔 다섯 번째 시도에서 드디어 원하는 결과, 즉 처음으로 긍정적인 답을 들었다. 그 결과는 당신도 알다시피 출판의 역사가 되었다.

그렇게 많이 원하지 않는 결과를 경험한 후에도 계속 할 수 있다고 말할 수 있는 사람이 얼마나 될까?

가정이 삶을 형성하는 방법

우리는 계속해서 삶과 우리의 관계에 대한 가정을 형성하고 있다. 그 대부분은 무의식중에 이루어지고, 그 결과로 나타나는 우리의 행동 대부분은 우리가 오랫동안, 때로는 수십 년 동안 형성해 온 가정의 지배를 당한다.

예를 들어 당신이 사랑이나 지지, 기회를 경험하지 못하는 상태로 성장했다면 무의식중에 '나는 절대로 성공할 수 없어.' 혹은 '나는 착하지 않아.' '나는 왜 기회를 포착하지 못할까?' 등의 가정을 만들 가능성이 있다. 이런 것이 당신이 무의식중에 하는 가정이라면(믿음), 당신은 자신 없고 두려움에 빠져 있으며 실패를 예상하는 듯한 행동을 할 것이다. 결과 역시 바라던 것에 미치지 못하는 경향을 보인다.

그렇다면 반대로 사랑과 지지, 기회를 풍부하게 누리며 성장했다면 어떨까? 그런 경우 삶에 대한 당신의 무의식적 가정은 어떤 것이 될까?

'나는 내가 선택하는 삶을 살 수 있어.' '나에게는 기회가 넘치도록 많아. 그걸 붙잡기만 하면 돼.'와 같을 가능성이 매우 높다.

문제는 우리 대부분이 사랑과 지지, 기회를 풍부하게 누리지 못한다는 것이다.

실제로 대부분의 사람들은 무언가가 부족한 환경(사랑 부족, 지지 부족, 돈 부족, 기회 부족 등)에서 자란다. 그래서 많은 사람이 삶에 대해 부정적이고 힘 빠지는 가정을 한다. 그들의 행동과 결과도 자연스럽게 그렇게 된다.

그러나 놀라운 소식이 있다. 과거에 어떤 일이 있었다 해도 당신에게 어떤 생각을 강요할 수 있는 사람은 없다.

당신, 오직 당신 자신만이 당신의 생각과 믿음과 행동을 결정할 수 있다.

당신이 무의식적으로 '왜 나는 한 번도 다른 사람을 앞서지 못하지?'라고 계속 묻는다면, 당신의 행동은 그 부정적인 가정과 연결될 것이다.

그러나 지금 당장 당신이 '왜 나는 성공하는 게 이토록 쉬운 거지?'라는 식으로 어포메이션을 바꿈으로써 가정을 변화시킨다면(그래서 당신의 행동도 변화시킨다면) 당신의 삶을 변화시키는 의식적인 결정을 하게 된다.

> 당신의 삶은 당신의 무의식적인 가정을 반영한다.

조금 전에 말했던 『영혼의 닭고기 수프』가 이 원리를 보여 주는 완벽한 예가 될 수 있을 것이다.

잭도 마크도 돈이나 기회가 많은 환경에서 성장하지 못했다. 둘 다 아주 미천한 여건에서 시작했다. 그러나 그들은 과거에 얽매이지 않기로 의식적인 선택을 했다.

그들은 욕구를 가졌고, 믿었고, 행동을 취했고, 백 마흔 네 번이나 바라지 않던 결과를 맞았지만 거기에 굴복하지 않고 계속 행동하여 마침내 원하는 결과를 얻었다.

어포메이션 방법의 핵심은 단순히 질문에 대한 답을 찾는 것이 아님을 명심하라. 지금은 당신이 원하는 것이 이미 사실이라고 가정하는 긍정적인 질문을 형성하기 때문에 마음이 그렇게 되는 방법을 찾을 것이다.

당신이 그렇게 되도록 허용한다면 이 과정이 당신의 삶을 변화시킬 것이다.

어포메이션이 에이미의 생명을 구한 이야기

1997년부터 어포메이션을 가르치기 시작한 이후, 나는 단 하루도 감사 이메일이나 카드, 메시지 등을 받지 않은 적이 없다. 그들은 한결같이 어포메이션을 사용하여 자신의 삶이 변화된 놀라운 이야기를 말해 주었다.

다음은 내가 받은 놀라운 이야기 가운데 하나다.

안녕하세요. 노아 씨,

당신이 하시는 일에 대해 감사드리고 싶습니다.

저는 당신이 하는 일 때문에 생명을 구했습니다.

저는 항상 카드 대금 등 모든 비용을 제날에 지불할 수 있었습니다. 그래서 신용이 매우 좋았고 저는 그것을 자랑스럽게 생각했습니다.

그러나 어느 날 직장을 잃었고 비용을 제대로 지불할 수 없게 되었습니다. 결국 신용 상태도 엉망이 되었습니다. 그러자 가슴 통증과 불안 발작이 시작되었고 공포감을 떨쳐 버릴 수 없었습니다. 직장이 없는데도 마음이 그래서인지 직장을 찾을 생각조차 못했습니다.

자살이 생각났습니다. 나 자신에게 "오늘은 나를 죽이지 않는다." 라고 이야기해야 했습니다. 이런 상황에 남편을 홀로 남겨 둘 수 없었습니다. 그러나 이 모든 것에서 간절히 벗어나고 싶었기에 자살 생각을 머리에서 완전히 지울 수가 없었습니다.

그러던 중 한 친구가 이메일로 당신이 제공하는 온라인 과정에 대한 정보를 전해 주었습니다.

지난 2년 동안 저는 수십 권의 자기계발서를 읽고 강의를 들었습니다. 그래서 또 다른 책을 읽거나 강의를 들어도 소용이 없다고 생각했습니다. 하지만 무료로 제공되는 부분을 읽으면서 당신이 하는 말에 전적으로 공감이 되어 어포메이션 재택 과정에 등록을 하기로 했습니다.

4장 '힘을 주는 어포메이션을 만드는 법'을 읽었습니다. 엄청난 안도감이 저를 뒤덮었습니다.

그동안 저는 잠을 잘 수도, 쉴 수도, 공포감에서 벗어날 수도 없었습니다. 마음이 불안하여 잠든 남편 곁에서 뜬눈으로 밤을 새우기 일쑤였습니다.

저는 4장의 충고대로 즉시 '왜 나는 밤에 잠자는 게 이렇게 쉬울까?'라고 썼습니다.

바로 그날 밤부터 저는 다시 편안하게 잠을 잘 수 있었습니다. 불안도 사라졌습니다.

이것 외에도 저에게 효과적이었던 어포메이션이 많습니다.

그래서 지금은 이전의 상태로 점차 회복되고 있습니다.

당신은 저를 엄청난 고통과 정신적, 물질적, 영적, 신체적 상실에서 구해 주었습니다.

당신의 도움에 감사하는 저의 마음을 어떤 글로도 충분히 표현할 수 없습니다. 감사합니다.

－ 에이미 드림

우주의 법칙은 깨뜨릴 수 없다

나는 종종 "어포메이션이 작용하는 걸 어떻게 알 수 있나요?"라는 질문을 받는다(이 질문은 주로 어포메이션을 실제로 시도하지 않은 사람들이 한다!)

수많은 사람이 어포메이션을 사용하자마자 에이미가 말했던 것처럼 즉시 평온함과 평안을 느낀다고 말했다.

그들은 삶에 대한 관점과 감정, 건강이 즉시 변하는 것을 경험한다. 그리고 시간이 흐름에 따라 전에는 불가능해 보이던 것들이 이루어지는 것을 발견한다.

어포메이션 방법은 마술이 아닌 과학에 근거하고 있다(이 점이 매우 중요하다).

당신이 만일 "나는 왜 이렇게 말랐는데도 건강한가?"라고 어포메이션 하면서 계속 좋지 못한 음식을 먹고 운동을 하지 않는다면, 체중이 줄어들기를 기대하지 말아야 한다.

"나는 왜 이렇게 사업이 성공하는가?"라고 어포메이션 하면서 사업을 성장시키는 일을 하지 않고 이전과 똑같이 행동한다면, 그것은 마치 물과 영양분을 공급하지 않으면서 식물이 성장하기를 바라는 것과 마찬가지다.

핵심은 이렇다.

우주의 법칙을 어기면서 원하는 결과를 기대할 수는 없다. 계속 부정적이고 자멸적인 행동을 하면서 원하는 것을 기대하지 말아야 한다.

위대한 질문을 계속해도 마찬가지다. 이것은 "마술적 사고"다. 마치 복권을 사면서 열심히 믿으면 복권이 당첨될 것이라 믿는 것과 같다(지금까지 나는 백만장자, 천만장자를 50명 이상 인터뷰해 보았지만 그들 중 한 사람도 복권으로 성공한 사람은 없었다. 그들 대부분이 사람들이 대체로 원하지 않는 일을 함으로써 그 자리에 이르렀다).

> 우주의 법칙을 어기면서 원하는 결과를 기대할 수는 없다.

어포메이션의 핵심은 자신의 마음을 속이는 것이 아니다. 마음을 제대로 사용하는 것이다.

당신은 어떤 식으로든 이미 어포메이션하고 있다. 아마도 대부분의 어포메이션이 무의식중에 부정적이고, 힘을 빼고, 자기를 무너뜨리는 방식으로 이루어지고 있을 것이다.

다음에 소개할 4단계의 어포메이션은 마음의 자동 탐색 기능을 활성화하여 당신에게 놀라운 결과를 가져다줄 것이다. 그 결과는 당신과 당신이 사랑하는 사람에게 유익하지 못한 부정적인 것이 아니다.

당신에게 매우 유익한 결과다.

지금 당신이 해야 할 일

1. 당신이 1단계에서 기록한 원하는 것의 목록과 2단계에서 쓴 어포메이션을 꺼내라(이제는 이 단계를 반복하지 않아도 될 것이다).

2. 힘을 주는 어포메이션 각각에 대해 그것이 사실이 되게 하는 간단한 행동 세 가지씩 적으라. 예를 들어 당신의 어포메이션이 돈을 더 버는 것이라면, 지금 돈을 더 벌기 위해 시작할 수 있는 간단한 행동 세 가지를 적으라. 체중을 줄이기 위한 어포메이션을 작성했다면, 체중을 줄이기 위해 오늘 시작할 수 있는 간단한 행

동 세 가지를 적으라.

3. 행동으로 옮기라. 지금 내가 당신에게 요구하는 것은 뭔가 행동을 하라는 것이다. 목록의 첫 번째 행동부터 시작하라. 그다음 하나씩 차례로 실천에 옮기라.

기억하라. 아무것도 바꾸지 않으면 아무것도 변하지 않는다. 어포메이션은 마술이 아니라 과학이다. 앞에서 설명한 욕구의 사이클을 다시 보면서, 어떤 결과는 금세 나타나지만 다른 결과는 시간이 더 걸린다는 것을 명심하라. 어떤 것이든 반드시 행동하면서 그 결과를 어포메이션 일기에 기록하라.

4. 어포메이션 혁명에 가입하라. 이 책을 읽는 당신이 꼭 어포메이션 혁명에 가입하기 바란다. 이 책의 메시지를 48시간 안에 가능한 한 많은 친구와 가족, 직장 동료에게 소개하라. 어포메이션 혁명에 참여하는 또 한 가지 방법은 공식 홈페이지 www. AfformationNation.com에 가입하는 것이다. 다른 사람들의 어포메이션 성공 스토리와 그들이 문제를 극복한 방법을 읽으면 큰 힘이 될 것이다. 뿐만 아니라 당신 자신의 스토리를 소개하고 전 세계 어포머들을 만날 수 있을 것이다. 그 모든 게 무료다!

이 책의 3부를 활용하는 방법

이 책 3부에는 삶의 중요한 10가지 영역에 힘을 주는 어포메이션이 포함되어 있다.

물론 모든 어포메이션을 다룰 수 있는 책은 없다. 당신이 만들 수 있는 어포메이션의 수는 실로 무한하기 때문이다.

이 책에 있는 어포메이션 말고도 당신의 어포메이션 일기를 사용하여 개인의 필요에 맞는 어포메이션을 쓰라(여러 분야에 적용할 수 있는 어포메이션이 많기 때문에 일부 어포메이션은 반복적으로 사용될 수 있다).

쉽게 사용할 수 있도록 삶의 중요한 10가지 영역을 정리했다. 이를 토대로 특정 영역에 어려움이 닥칠 때, 거기에 맞는 어포메이션을 찾아서 문제를 해결하고 더 쉽고 빠른 결과를 얻기 바란다.

우리의 온라인 프로그램을 활용하거나 세미나에 직접 참가하거나, 마인드 마스터 프로그램에도 참여하기 바란다. 또 www.NoahStJohn.com을 방문하여 무료로 제공되는 어포메이션 비디오 훈련 프로그램도 사용하기 바란다.

이제 당신이 새롭고 매우 단순하면서도 놀랍도록 힘을 주는 어포메이션을 누리기 바란다.

지금부터 당신의 삶에서 놀라운 결과를 얻기 시작하라!

PART 3.

실제 삶을 위한
어포메이션

7

건강과 행복 어포메이션

"책임을 가진 사람은
'어떻게 해야 이 일을 바르게 할 수 있을까?'가 아니라
'어떻게 해야 이 일이 늘 바르게 이루어지도록 할 수 있을까?'라는
질문을 머릿속에 두어야 한다."

— 플로렌스 나이팅게일

앞서 말했듯이 내가 1997년 어포메이션을 처음 가르치기 시작한 이
후로 자신의 삶을 변화시키기 위해 어포메이션을 사용한 전 세계 사

람들로부터 수많은 성공 스토리를 들었다. 다음의 놀라운 성공 스토리는 한 독자가 보내 온 실제 이야기다.

노아 씨께,

저는 다섯 살 때부터 "뚱뚱이"라고 불렸습니다. 체중이 늘었다 줄었다 했지만 1년 이상 체중이 빠진 상태를 유지할 수 없었습니다. 림프종으로 화학치료를 받을 때도 체중이 늘었습니다.

저는 중독을 치료하는 상담 센터에서 일합니다. 센터장님은 거기서 일할 수 없을 정도로 비만해진다면서 저의 음식 중독을 치료해야 한다고 하셨습니다.

그때 한 친구가 어포메이션에 대해 말해 주었습니다. 저는 노아 씨가 하는 일에 대해 충분히 읽고 나서 그것을 실천하기 시작했습니다. 효과가 있었습니다.

노아 씨의 책을 처음부터 끝까지 읽은 후, 가르쳐 주신 대로 행동하기 시작했습니다. 저는 제게 좋지 않은 음식을 중단했을 뿐 아니라 어포메이션도 시작했습니다. 그렇게 어포메이션을 더 많이 사용할수록 긍정적으로 변하고 자신감도 커졌습니다.

지금 저는 어포메이션을 시작할 때보다 74킬로그램이 줄었습니다. 나아가 어포메이션은 제가 음식 심리 지도사 자격증까지 따도록 해 주었습니다. 제 나이에도 체중을 줄일 수 있다면 다른 사람들도 할 수 있다는 것을 가르쳐 주고 싶었기 때문입니다.

저는 당신이 하는 일을 믿고, 또 모든 사람에게 권합니다. 정말 감사합니다. 노아 씨.

– 세실리아

그렇다. 건강을 잃으면 아무것도 소용이 없다. 그래서 이 책의 어포메이션 부분을 건강과 행복으로 시작한다. 이것은 사람들의 마음에서 가장 중요한 주제다. 동시에 많은 사람에게 가장 성공하기 힘든 목표 중 하나다.

당신의 건강과 행복은 여러 가지 요인으로 결정된다.

- 유전자
- 성장 환경
- 현재 생활환경
- 생활 방식
- 믿음

첫 번째 두 요인에 대해서는 우리가 할 수 있는 일이 별로 없다. 대부분 태어난 가정환경으로 결정되기 때문이다. 그러나 나머지 세 요인에 대해서는 많은 일을 할 수 있다.

일례로 얼마 전 나에게 전해 온 감동적인 이야기를 살펴보자.

노아 씨께,

하프 마라톤의 결승선을 통과하는 일은 언제나 감격입니다. 그러나 2013년 2월 24일 디즈니 프린세스 하프 마라톤은 저에게 더욱 특별하고 짜릿한 승리였습니다. 저는 오랫동안 장거리 달리기 경기에 참가해 왔습니다. 이제까지 풀코스 마라톤을 5회, 하프코스 마라톤을 50여 회 정도 참가했습니다. 하지만 이번 마라톤이 특별한 이유가 있습니다. 제가 최고 기록을 세워서가 아닙니다. 사실 이번 경기 기록은 지금까지의 제 기록 중 최악이었습니다. 제가 심장 수술을 한 지(2013년 2월 1일) 겨우 3주밖에 지나지 않았기 때문입니다.

대회 3, 4개월 전에 등록을 했는데 부득이 심장 수술을 해야만 했습니다. 과거에도 몇 번 레이스 도중에 심장 박동이 이상해져서 호흡이 어려워지고 힘이 빠지고 현기증이 난 적이 있었습니다. 두 번은 레이스 도중에 의식을 잃고 쓰러지기까지 했습니다. 한 번은 며칠 동안 심박세동과 심박급속증 상태에까지 갔습니다. 어떻게 될지 몰라 무척 겁이 났습니다.

두 번은 입원을 해야 했습니다. 심장 MRI 촬영 결과 동맥 손상이 드러났습니다. 1979년에 있었던 사고 후에 약을 잘못 써서 심장 마비가 오는 바람에 심폐소생술을 해야 했습니다. 그것 때문에 초기 손상이 있었습니다. 나이가 들고, 또 달리기를 하면서 심장에 거듭 부담을 주는 바람에 혈관에 틈이 생겼습니다. 수술 외에는 달리 길이 없었습니다.

프린세스 레이스가 시작되기를 기다리면서 나는 처음 레이스 때 보다 더 큰 두려움을 느꼈습니다. 심장 수술 때보다 더한 두려움 이었습니다. 의사가 레이스에 참가하라고 권했음에도 불구하고 저는 정말 두려웠습니다. 심장이 충분히 치료되지 않았으면 어떡 하지? 또 쓰러지면 어떡하지? 가슴 통증이 왔는데 주변에 도와 줄 사람이 없으면 어떡하지? 다시 숨을 쉴 수 없으면 어떡하지?

그 순간 심장 수술을 할 때 도움을 주었던 것을 해야겠다는 생각 이 들었습니다. 어포메이션을 사용하는 것 말입니다. 그래서 어포 밍을 시작했습니다. '왜 내 심장은 이렇게 강한 거지? 왜 나는 이 토록 자신이 있는 거지? 왜 나는 기분 좋게 결승선을 통과할 것 같 은 기분이 들지? 왜 나는 한 걸음 한 걸음 달려 완주할 거라는 확 신이 드는 거지?'

머잖아 자신감이 밀려옴을 느꼈습니다.

1마일을 달릴 때마다 어포메이션을 반복했습니다. 8마일쯤 이르 렀을 때 많은 참가자들이 힘들어하기 시작하는 것이 보였습니다. 그들은 나에게 어떻게 지치지 않느냐고 물었습니다. 그때 저의 비 밀인 어포메이션을 말해 주었습니다.

그러자 여자 그룹 전체(그리고 남자 한 명)가 웃으면서 어포메이션을 반복했습니다. 힘이 솟으며 몸이 강해지는 것을 볼 수 있었습니다. 우리도 모르는 사이에 2마일을 달렸습니다!

10마일 표시가 있는 지점에서는 기분이 좋아지고 몸이 가벼워져서 더 빨리 달리기 시작했습니다. 레이스가 끝난 후 그들이 제게 와서 메달을 보여 주며 그와 같이 효과적인 방법을 소개해 주어서 고맙다고 했습니다. 그 후 저는 집단 어포메이션을 새로운 레이스 전통이 되게 해야겠다고 결심했습니다. 노아 씨, 감사합니다.

– 신디

이 장의 어포메이션을 세 분야(신체적인 건강, 정서적인 건강, 건강한 라이프 스타일)로 분류했다. 신체적인 건강 부분에서는 우리에게 닥칠 수 있는 신체의 모든 질병 목록을 만드는 대신, 어떤 신체 문제에든 빈칸을 채워 사용할 수 있는 어포메이션의 템플리트를 제시했다. 그리고 정서적인 건강과 건강한 라이프 스타일 부분에서는 더 나은 선택을 하여 더 나은 결과를 얻을 수 있는 어포메이션 목록을 만들었다. 그러므로 이 분야에서 문제를 만나게 되면 간단히 이 장을 펴서 당신이 사용할 수 있는 특정 어포메이션을 찾으면 된다. 물론 당신의 특별한 필요에 맞추어 개인적으로 어포메이션을 만들어도 된다.

유전적으로 타고난 부분에 대해서는 우리가 할 수 있는 일이 없다. 하지만 그 외의 영역에서는 많은 일을 할 수 있다.

다음의 어포메이션을 출발점으로 삼아 건강, 체력, 체중 감소 목표 등에 대한 무의식적 가정에 도전하고, 긍정적인 믿음을 강화하고, 부정적인 믿음을 제거하기 바란다.

신체 건강

- 왜 나는 이렇게 건강할까?
- 왜 나는 내 몸을 사랑할까?
- 왜 나는 거울을 들여다볼 때마다 행복할까?
- 왜 나는 완벽할까?
- 왜 나의 _____은 이렇게 건강할까?
- 왜 나의 _____은 이렇게 잘 움직일까?
- 왜 나의 _____은 완벽하게 기능을 발휘할까?
- 왜 나의 _____은 치료되었을까?
- 왜 나의 _____은 나아질까?
- 왜 나의 _____은 몸 전체와 조화를 이루며 작용할까?
- 왜 나는 지칠 줄 모르는 활력을 가졌을까?
- 왜 나는 감사하게도 이렇게 건강할까?
- 왜 나는 운 좋게도 이런 몸을 가졌을까?
- 왜 나의 몸 모든 부분이 완벽하게 기능할까?
- 왜 나는 이렇게 강할까?
- 왜 나는 매일 에너지가 넘칠까?
- 왜 나는 나의 건강하고 아름다운 몸을 사랑할까?
- 왜 내 몸은 나에게 이렇게 잘할까?
- 왜 신은 나를 이처럼 완벽하게 만드셨을까?

- 왜 신은 나에게 이처럼 좋은 몸을 선물로 주셨을까?

정서적 건강

- 왜 나는 매일 마음의 평화와 만족감을 누릴까?
- 왜 나는 오늘도 나의 건강을 즐길까?
- 왜 나는 이렇게 정서적으로 건강할까?
- 왜 나는 행복과 평안함을 피부로 느낄 수 있을까?
- 왜 나는 거울을 볼 때마다 아름답게 보일까?
- 왜 내 주변에는 정서적으로 건강한 사람들이 모일까?
- 왜 나는 과거를 내려놓을 수 있었을까?
- 왜 나는 _____를/을 용서했을까?
- 왜 나는 좌절감을 떨쳐 버릴 수 있었을까?
- 왜 나는 슬픔을 떨쳐 버릴 수 있었을까?
- 왜 나는 이렇게 행복할까?
- 왜 나는 마음을 열고 열린 대화를 할까?
- 왜 나는 과거를 벗어날 수 있었을까?
- 왜 나는 나의 마음과 몸과 정신을 다스릴 수 있을까?

건강한 라이프 스타일

- 왜 나는 내 건강을 잘 조절할 수 있을까?

- 왜 건강한 사람들이 자석처럼 내게로 이끌려 올까?

- 왜 나는 완벽한 건강과 행복을 표출할까?

- 왜 나는 건강하고 균형 잡힌 식사를 할까?

- 왜 나는 나를 이렇게 잘 관리할까?

- 왜 나는 체중을 줄이는 게 이토록 쉬울까?

- 왜 나는 운동을 좋아할까?

- 왜 나는 올바른 식생활을 좋아할까?

- 왜 나는 칭찬을 받아들이기가 쉬울까?

- 왜 나는 내 몸을 사랑하고 아낄까?

- 왜 나의 가족과 친구들은 나의 건강한 라이프 스타일을 지지할까?

- 왜 나는 건강에 좋지 않은 음식에 대한 식욕이 없을까?

- 왜 나는 충분한 시간을 내어 음식을 즐기며 먹을까?

- 왜 나는 모든 영양소를 건강하고 균형 있게 섭취할까?

- 왜 나는 가족을 위해 음식을 준비할 때 건강한 선택을 할까?

- 왜 나는 바르게 먹고 운동하는 일을 즐거워할까?

- 왜 나는 건강한 음식이 맛이 있을까?

- 왜 나의 몸은 건강한 음식을 먹을 때 좋은 반응을 보일까?

- 왜 나는 잘 먹을까?

- 왜 나는 매일 운동을 하고 싶어할까?
- 왜 내 몸은 건강한 운동에 좋은 반응을 보일까?
- 왜 나는 건강하고 활동적인 라이프 스타일을 좋아할까?
- 왜 나는 걱정을 버렸을까?
- 왜 나는 내 몸을 마치 성전처럼 소중하게 다룰까?
- 왜 나는 사람들이 나의 새롭고 건강한 라이프 스타일을 지지하도록 만들었을까?
- 왜 나는 나의 아름답고 건강한 몸을 이토록 감사히 여길까?
- 왜 나는 건강하고 행복한 생활을 좋아할까?
- 왜 나는 오늘은 물론 나의 멋진 인생 동안 매일 정서적, 신체적, 경제적, 영적으로 건강할 수 있을까?

8

돈과 부 어포메이션

사람들이 부정적인 믿음을 굉장히 많이 가지고 있는 분야가 하나 있다면 아마도 돈과 부의 영역일 것이다.

먼저 돈과 부에 대해 우리가 들어 온 일반적인 믿음 몇 가지를 살펴보자.

"돈은 나무에서 따는 것이 아니다."

"낙타가 바늘귀로 들어가는 것이 부자가 천국문을 들어가는 것보다 쉽다."

"부자가 되려면 이기적이어야 한다."

"부자는 욕심이 많다."

"부유한 사람은 다른 사람에게서 돈을 훔친 것이다."

당신과 돈의 관계는 당신과 사람들의 관계와 같다. 나는 당신이 이것을 깨닫기 바란다. 예를 들어 당신이 사람들을 어설프게 대한다면, 사람들은 당신 가까이에 머물려 하지 않을 것이다. 그러나 당신이 누군가를 잘 대한다면, 그들은 당신에게 다가올 것이다.

돈도 꼭 이와 같이 움직인다. 당신이 돈에 대해 부정적으로 말하고 생각하고 행동하면, 돈은 당신 가까이에 머물려 하지 않을 것이다. 그러나 돈에 대해 긍정적으로 말하고 생각하고 행동한다면, 돈은 자석처럼 당신에게 끌려올 것이다.

> 당신과 돈의 관계는 당신과 사람들의 관계와 같다.

"돈이 사람처럼 움직인다"는 말이 엉터리 같은 소리라고 생각할 수도 있다. 그러나 한 가지 아주 중요한 사실을 명심하기 바란다.

돈은 '인간'이라는 이상한 동물을 따른다.

세미나와 마인드 마스터 프로그램에서 설명하는 것처럼, 돈은 단순히 인간 사이에서 이루어지는 가치 교환 수단에 불과하다. 철학자 스튜어트 와일드의 말을 풀어 보자면 "돈이 움직이는 방법은 당신이 얼마를 갖고, 나머지는 다른 모든 사람이 가지는 것이다."

나는 내가 코치하는 사람들에게 '돈은 교환 수단으로써 이를 통해 세상에 더 많은 선을 행할 수 있다'고 생각하도록 가르친다.

나는 당신이 마음을 중시하며 배려심이 많은 사람으로 세상을 변화시키기를 진심으로 원한다는 것을 안다. 그러나 문제는 당신이 돈에 대해 힘을 빼는 믿음을 가지고 있기 때문에 돈을 더 많이 모아서 더 풍부한 삶을 살 능력을 해칠 수 있다는 것이다.

변화시키는 일도 좋지만, 먼저 부자가 되는 것보다 가난한 자가 되는 것이 더 영적이라는 믿음을 중단하기 바란다.

목사인 나의 한 친구가 "가난한 사람을 돕는 가장 좋은 방법은 그들 중 하나가 되지 않는 것이다."라고 말한 적이 있다.

당신보다 돈을 많이 가진 사람은 당신만큼 '선하거나 영적이지' 않다는 그릇된 믿음을 가짐으로써 당신 자신의 부를 제한시키지 말기 바란다.

당신과 돈의 관계에서 죄책감과 수치심을 제거하기 바란다. 당신이 돈을 많이 가지고 있든 적게 가지고 있든, 당신은 지금 돈과 관계를 맺고 있다.

우리가 돈을 위해 하는 일

돈과 관련하여 당신이 매일 하는 일을 모두 생각해 보라. 우리는 돈을 위해 일을 한다(솔직히 돈을 대가로 받지 않아도 지금 하는 일을 할 수 있는가?) 우리는 전기, 수도, 음식, 의복, 집 등 살아가는 데 필요한 일에 돈을 사용한다. 심지어 돈 걱정을 한다는 것마저도 돈을 생각한다는 의미다! 그러나 돈을 생각하고, 또 돈을 버는 데 많은 시간을 들인다는 것을 (스스로에게라도) 인정하는 사람이 얼마나 되는가?

솔직히 앞의 몇 문장을 읽는 것만으로도 불편함을 느꼈을 수 있다. 왜 그럴까? 돈에 대해 말하는 것이 불편한 이유 대부분은 이에 대해 우리가 사용하는 말 때문일 것이다.

영어에는 돈을 좋아하는 사람을 설명하는 긍정적인 말이 하나도 없다는 사실을 아는가? 심지어 "돈을 좋아하는 사람"이라는 말조차 부정적인 설명으로 들리지 않는가?

우리는 '구두쇠', '자산가', '이기적', '탐욕' 등 돈을 좋아하는 사람을 설명하기 위해 그와 비슷한 부정적인 단어들을 생각한다.

> 돈 문제는
> 돈을 좋아하기 때문에
> 생기는 것이 아니다.
> 사람보다 돈을
> 우선할 때 생긴다.

『크리스마스캐럴』에 나오는 '스크루지'를 기억하는가? 아무도 그처럼 되기를 원하지 않지 않는가?

그러나 돈을 좋아하는 것은 잘못된 일이 아니다. 돈 문제는 돈을 좋아하기 때문에 생기는 것이 아니다. 사람보다 돈을 우선할 때 생긴다. 사람보다 돈을 우선할 때 일이 잘못된다. 돈은 사람들이 사용하는 가치 교환 수단이기 때문이다. 간단히 말하면, 사람들이 당신에게 돈을 주는 것은 그들이 당신에게서 받을 가치가 그들이 줄 돈보다 크다고 인식하기 때문이다.

예를 들어 보자. 다음 이메일은 캘리포니아의 텔레비전 PD 수잔에게서 온 것이다.

노아 씨께,

당신이 어포메이션을 가르치면서 당신 자신의 상황에 대해 말하는 것을 처음 들었을 때 저는 그것이 저의 상황과 너무나 비슷해서 충격을 받았습니다. 저는 성인이 된 후부터 줄곧 방송계(주로 텔레비전)에 종사하면서 동시에 영성을 연구해 왔습니다. 그러다 7년 전 산사태로 집이 파괴된 후에는 성공철학 연구와 코칭에 이끌려 수만 달러를 투자했습니다.

저는 모든 에너지와 자금을 사람들과 함께 일하는 시간을 가지는 데 투자했습니다. 그러나 안타깝게도 당신이 하는 말을 들을 때쯤에는 경제적으로 쪼들리고 있었습니다. 저축한 돈은 다 썼고 수입은 없었기에 빚쟁이의 전화를 피하고 있었습니다. 다행히 남편이 식료품 구입과 자동차 주유 비용을 감당해 주어서 생활은 이어갈 수 있었지만 몸은 많이 힘들었습니다.

당신의 이야기에 너무 공감이 되어서 큰돈을 들여 어포메이션 재택 공부 프로그램을 구입했습니다. 즉시 그것을 들으면서 다른 철학에 충격을 받았습니다. 그래서 일기에 이렇게 적었습니다. '그가 옳으면 어떡하지? 그것이 문제면 어떡하지? "구하라, 그리하면 받으리라."라고 쓰여 있는데 구하는 법을 배워야 하는 것이라면 어떡하지?'

저는 당신이 가르치는 대로 저의 주요한 문제들에 대해 '왜'로 시작하는 질문을 적었습니다. 그런 다음 그 질문을 상황에 대한 부정적 강화에서 긍정적 제안으로 바꾸어 저의 무의식이 추구하게 했습니다. 그러자 즉시 변화가 느껴졌습니다!

그다음에는 아이어포메이션 오디오를 들었습니다. 안내가 흘러나왔고 저의 정신이 맑아지고 창조적으로 변화되었습니다.

조그마한 일들이 들어오기 시작했습니다. 변변치 않은 것이었지만 수입이 있다는 사실이 저의 영혼을 고무시키는 방향으로 변화시켰습니다. 저는 들어오는 일들을 판단하지 않고 감사하며 받아들였습니다. 계속 비전을 유지하면서 매일 어포메이션을 사용했습니다. 3개월 후 다수의 일자리를 제안받았고 그중에서 한 프로덕션을 선택했습니다. 급여를 받을 때마다 저의 영혼은 더욱 고무되었고 장기적인 비전이 성취되어 갔습니다.

이제 6개월이 되었습니다. 저의 첫 번째 책 초고를 마쳤고, 그것을 다른 사람들을 위한 프로그램의 발판으로 사용하고 있습니다.

일이 많기는 하지만 승진하여 급여가 많이 올라서 백만 단위의 수입을 올리는 사람이 되기 위해 나아가고 있습니다.

어포메이션이 저에게 이루어 준 것이 무엇일까요? 저는 빈털터리(수입도 없고 저축한 것도 없어서 기초생활조차 남에게 의지하는 신세)에서 6개월 만에 백만 단위의 수입을 올리는 사람이 되었습니다. 저는 밝아지고 있습니다. 즐겁습니다. 지금은 더 큰 꿈을 추구하고 있습니다. 감사합니다. 노아 씨.

많은 사람이 '당장 부자가 되는 방법'을 찾는다.

그러나 '당장 부자가 되는 방법'은 없다. 대신 부유해지는 가장 빠르고 쉬운 방법은 많은 사람에게 많은 가치를 제공하는 것이며, 자신이 원하는 수입과 풍요의 수준에 오를 때까지 그 일을 계속하는 것이다.

이번 장의 어포메이션은 돈에 대한 믿음과 돈에 대한 건강한 습관 두 가지로 구분되어 있다. 돈에 대한 믿음 부분에서는 어포메이션을 사용하여 돈에 대한 당신의 무의식적인 믿음과 그것이 어떻게 당신을 붙들고 있는지 점검하기 바란다. 돈에 대한 건강한 습관 부분에서는 돈이라는 도구를 사용하는 방법에 대해 더 나은 선택을 하도록 돕는 어포메이션을 제시했다.

다음에 나오는 어포메이션으로 당신과 돈의 관계를 개선하고 다른 사람들에 대한 당신의 가치를 증진시키라. 그리고 당신과 돈 및 사람들과의 관계가 더 만족스러워지고 풍성해져서 더 새롭고 부유한 매일

이 되게 하라!

돈에 대한 믿음

- 왜 나는 이토록 풍요로울까?
- 왜 나는 이렇게 부유할까?
- 왜 나는 부유한 것을 좋아할까?
- 왜 나는 이토록 큰 축복을 받았을까?
- 왜 나는 늘 돈이 넉넉할까?
- 왜 나에게는 돈이 이렇게 쉽게 들어올까?
- 왜 돈은 목적을 갖지 않을까?(이 질문을 잘 생각하기 바란다. 돈 자체는 의미가 없다. 단지 인간이 인지한 가치의 표현일 뿐이다)
- 왜 나에게는 이토록 많은 가치와 소중한 것이 있을까?
- 왜 나에게는 순자산을 가질 자격이 주어질까?
- 왜 나는 행복하고 부유하도록 허락받았을까?
- 왜 나는 큰 부를 누리면서도 숭고한 영성을 지녔을까?
- 왜 나는 부유할 자격이 있을까?
- 왜 신은 나에게 부유할 능력을 주셨을까?
- 왜 돈은 나에게 놀라운 선물이 되었을까?
- 왜 나는 행복하게 돈을 끌어당기는 자석처럼 살아갈까?

- 왜 나에게는 늘 돈이 따라올까?

- 왜 신은 나에게 성장과 풍부와 넘침을 주실까?

- 왜 나의 인생은 성장과 풍부와 넘침이 가득할까?

- 왜 신은 오늘도 나에게 전에 없던 은총을 베푸실까?

- 왜 나는 늘 돈을 풍부하게 가지고 있을까?

- 왜 나는 이토록 많은 돈을 소유하는 것이 편안할까?

- 왜 나는 건강과 부와 지혜를 누릴까?

- 왜 내 삶에는 부유함과 영성이 공존할까?

- 왜 나는 "우리는 신을 믿는다."라는 말을 믿고 살까?

돈에 대한 건강한 습관

- 왜 나는 수입이 늘 지출보다 많을까?

- 왜 나는 부유하면서도 행복하게 살까?

- 왜 나는 많은 돈을 가져도 아무 문제가 없을까?

- 왜 나는 나의 풍요로움으로 다른 사람의 삶을 부유하게 할까?

- 왜 나는 이토록 풍요로움을 잘 누리며 살까?

- 왜 신은 나에게 이토록 경제적으로 풍부하게 살아가는 복을 주셨을까?

- 왜 나는 투자와 십일조, 소비를 균형 있게 할까?

- 왜 나는 부유함과 영성을 겸비했을까?

- 왜 나는 "망했다." "난 할 수 없다."와 같은 말을 하지 않을까?

- 왜 나는 자녀들에게 돈의 참된 가치를 잘 가르칠까?

- 왜 나는 감사하며 구하고 풍성하게 받을까?

- 왜 나는 경제적인 풍요로움으로 영성을 표현할까?

- 왜 나는 내가 가진 모든 것에 대해 감사할까?

- 왜 나는 쓰는 것보다 버는 것이 많을까?

- 왜 나는 경제적 책임을 잘 감당할까?

- 왜 나는 지혜롭게 투자할까?

- 왜 나는 무엇을 보든 기회가 보일까?

- 왜 나는 어디를 가든 풍성해질까?

- 왜 나는 부유하고 행복한 것이 당당하고 자랑스러울까?

- 왜 나는 늘 원하던 만큼 부유하게 살까?

- 왜 나는 주위 사람들이 더 부유해지도록 도울까?

- 왜 나는 다른 사람들의 삶에 가치를 더해 주고, 그것을 통해 나도 더 부유하게 될까?

- 왜 나는 영원히 빚에서 벗어나기를 좋아할까?

- 왜 나는 부유하면서도 너그러울까?

- 왜 나는 나의 풍부한 삶에 대해 이토록 감사할까?

- 왜 나는 나의 새롭고 풍성한 삶에 대해 신께 감사할까?

9

자신감 어포메이션

라이브 워크숍과 마스터 마인드 프로그램에서는 종종 질문에 빈칸을 만들고 써 넣게 함으로써 자기 자신에 대한 내적 믿음을 살펴보게 하는데 보통 다음과 같은 문장을 완성하게 한다.

만일 내가 나 자신을 칭찬한다면, _____.

워크숍에 참가한 여성 대부분은 '나는 죄책감을 느낄 것이다.'라고 쓴다.

당신도 시간을 내어 자신을 칭찬할 때 죄책감을 느끼는가? 누군가에게 진지한 칭찬을 받을 때 당신은 어떤 느낌이 드는가? 누군가가 당신을 칭찬할 때 당신은 이를 받아들이면서 감사하다고 말한 뒤 하던 일을 계속하는가? 아니면 속으로 '도대체 내게 원하는 게 뭐지?'라고 생각하는가? 아니면 손사래를 치면서 그 칭찬을 부정하며 그것이 겸손이라고 생각하는가?

물론 어느 정도 겸손한 것은 잘못이 아니다. 내가 말하는 것은 진지한 칭찬을 받아들일 능력이 없는 자세다. 그런 자세는 당신의 부정적인 생각(자신에게 선한 것이 있음을 믿지 않는 자아)이 당신으로 하여금 '넌 별로 예쁘지 않아.' '넌 선한 사람이 아니야.' 등과 같은 거짓말을 믿게 만들기 때문이다.

누군가에게 진지한 칭찬을 받을 때 당신은 어떤 느낌이 드는가?

이해가 되는가?

당신은 이제까지 자신에게 해 온 거짓말을 믿고 있다.

심지어 다른 사람이 당신에게 진정한 칭찬을 하려고 할 때도 그렇게 한다.

예를 들어 보겠다.

한 전화 세미나에서 어포메이션을 가르쳤는데, 두 주 후에 참가자한 사람에게서 다음과 같은 말을 들었다.

노아 씨께,

전화로 가르침을 주셔서 감사합니다. 저는 어디서든 어포메이션을 사용하고 있습니다. 다른 사람들에게 체중을 줄이기 위해 어떤 일을 하는지도 묻습니다!

재미있는 것은 제 몸무게가 조금도 줄어들지 않았다는 것입니다. 바쁜 스케줄 때문에 운동하러 가지 못했고, 먹는 것도 바뀌지 않았습니다. 그래서 체중계 눈금이 동일한데도 저는 계속 자신을 향해 "왜 나는 몸무게가 125파운드인데도 탄탄하고 건강할까?"라고 묻습니다.

사람들에게는 제가 질문하는 대로 보이는 것 같습니다. 아마도 저의 열정이 제가 더 먹는 치즈케이크 칼로리를 태워 버리는가 봅니다!

진실한 칭찬을 받아들이는 것은 당신 자신에 대한 믿음과 자신감 수준을 보여 주는 행위다. 또 대인 관계에서 자신을 드러내는 방법이다. 그 예로 한 학생이 온라인 어포메이션 마스터 마인드 그룹에 올린 글을 소개하겠다.

노아 씨께,

어포메이션은 많은 면에서 저의 삶을 변화시켰습니다! 자랄 때 저는 늘 내성적이어서 사람들을 대할 때, 특히 여성들을 대할 때 자신이 없었습니다.

한 친구가 당신과 어포메이션 방법을 알려 주어서 아이어폼 오디오를 듣고 책을 읽으며 자신감을 키우기 시작했습니다.

그러던 중 사만다라는 예쁜 여성을 만났습니다. 하지만 저에게는 과분한 사람이라고 생각했습니다. 저는 괴상하게 생긴 데다 깡마르고, 살면서 별로 성공이라는 것을 해 본 적 없이 이제 막 사업을 시작한 사람이었습니다. 반면에 그녀는 모델 활동도 조금 했고 보디빌딩을 하는, 크게 성공한 치과의사와 데이트 중이었습니다. 그것만으로도 저는 겁이 났습니다.

그래서 저는 '왜 나는 자신이 있지?'라는 어포메이션을 사용하기 시작했습니다. 그러면서 더 자신 있게 행동하기 시작했습니다. 물론 처음에는 완전히 가짜였습니다. 그러나 어포메이션과 함께 행동할수록 점점 더 자신감이 느껴졌습니다.

한 달도 되기 전에 저는 결심을 하고 그녀에게 데이트 신청을 했고 두 달 만에 교제 허락을 받아냈습니다. 지금 우리는 행복한 결혼생활을 하고 있습니다. 감사합니다. 덕분에 제가 자신감을 가지게 되고, 늘 원하던 관계를 얻었습니다!

당신이 부정적인 자아상을 가지고 있거나 진실한 칭찬을 받아들이기 어렵다면, 다음의 어포메이션으로 긍정적인 자아상을 만들어 당신의 빛이 안에서부터 빛나게 하라.

자신에 대한 믿음

- 왜 나는 이렇게 자신이 있을까?

- 왜 나는 이런 자신감이 좋을까?

- 왜 나는 이렇게 자신 있는 것이 좋을까?

- 왜 나는 이렇게 침착할까?

- 왜 나는 이렇게 유능할까?

- 왜 나는 늘 마음이 편안할까?

- 왜 신은 나를 이토록 아름답게 만드셨을까?

- 왜 나는 '진정한 나'가 이토록 만족스러울까?

- 왜 나는 충분히 괜찮다고 생각될까?

- 왜 나는 삶의 모든 필요가 충분할까?

- 왜 나는 사업에 필요한 모든 게 충분하게 채워질까?

- 왜 나는 대인 관계가 충분히 만족스러울까?

- 왜 나는 완벽하지도 않은데 부족함이 느껴지지 않을까?

- 왜 나는 능력이 넘칠까?

- 왜 나는 내가 해야 할 일에 대한 준비가 완전히 갖추어져 있을까?

- 왜 나는 이렇게 사랑이 많을까?

- 왜 나는 이렇게 사랑을 받을까?

- 왜 나는 정확히 내가 되고 싶은 사람이 되었을까?

- 왜 나는 나 자신을 이렇게 사랑할까?

- 왜 나는 자신에게 잘하는 것이 행복할까?

- 왜 나는 성공할 권리를 부여받았을까?

- 왜 사람들은 내 곁에 있기를 좋아할까?

- 왜 나는 나의 재능을 세상과 나누는 일에 자신이 있을까?

- 왜 신은 내 안에 완전함을 만드셨을까?

- 왜 나는 친구와 가족, 동료들에게 존중을 받을까?

- 왜 나는 신을 믿는 것에 자신이 있을까?

- 왜 나는 이렇게 평온할까?

- 왜 사람들은 나를 알고 좋아하려 할까?

- 왜 사람들은 내가 목표를 이루도록 도와주는 걸까?(아마도 내가 그들을 돕기 때문일 것이다!)

건강한 자신감 습관

- 왜 나는 나를 믿을까?

- 왜 나는 다른 사람들이 나를 믿게 할까?

- 왜 나는 오늘 내게 닥치는 모든 일을 감사로 받아들일까?

- 왜 나는 세상에서 가장 좋고, 가장 사랑 많고, 멋진 사람들을 자석처럼 끌어당길까?

- 왜 나는 거울을 볼 때 충분히 만족스러울까?

- 왜 나는 나의 가치와 소중함이 쉽게 보일까?

- 왜 나는 다른 사람이 나의 가치와 소중함을 보게 만들까?

- 왜 나는 나의 일과 삶에서 존중받을까?

- 왜 나는 칭찬을 그토록 우아하게 받아들일까?

- 왜 지도자들은 나에게 매력을 느끼고 자석처럼 끌려올까?

- 왜 나는 삶에서 가장 좋은 것만 보일까?

- 왜 나는 나와 다른 사람들의 가장 좋은 것만 보는 걸까?

- 왜 나는 나에게 좋지 않은 사람과 환경에서 벗어날까?

- 왜 나는 나의 재능으로 세상에 도움을 주며 살까?

- 왜 나는 늘 꼭 필요한 시간, 꼭 필요한 장소에서 꼭 필요한 사람에게 꼭 필요한 일을 할까?

- 왜 내 주변에는 사랑 많고 건강한 사람들이 모일까?

- 왜 나는 부정적인 사람들을 떨쳐 버릴까?

- 왜 사람들은 나를 소중히 여기고 인정할까?

- 왜 나는 기회를 포착하는 데 탁월할까?

- 왜 나는 진정으로 내가 원하는 일을 할 권리를 부여받았을까?

- 왜 나는 삶에서 진정으로 내가 원하는 것을 가질 권리를 부여받았을까?

- 왜 나에게는 늘 사랑이 넘칠까?

- 왜 나에게는 늘 넘치도록 많은 것이 생길까?

- 왜 나는 다른 사람을 도와주는 위치에 있을까?

- 왜 나는 오늘 다른 사람들이 스스로를 좋게 생각하도록 돕는 일을 좋아할까?
- 왜 나는 다른 사람들에게서 가장 좋은 면을 볼까?
- 왜 나는 사람들이 바른 일을 하는 것을 목격할까?
- 왜 나는 날마다 기회 포착을 잘할까?
- 왜 나는 이렇게 자신 있는 것이 감사할까?
- 왜 신은 나를 이토록 평생 축복하시는 걸까?

10

일과 직장 어포메이션

> "아인슈타인은 굉장히 단순한 질문을 할 수 있는 사람이었다.
> 그래서 그의 삶과 그의 일이 보여 준 것은,
> 대답이 단순할 때 신의 생각을 듣게 된다는 것이다."
>
> – 제이콥 브로노우스키

텍사스의 고객 조지가 내게 다음과 같은 이야기를 보냈다.

노아 씨께,

당신이 가르쳐 준 대로 어포메이션을 사용하여 제 삶이 변화되었습니다. 마치 밤이 낮으로 변한 것 같습니다.

지금 저의 삶은 모든 면에서 어포메이션을 쓰기 시작하기 전과 완전히 달라졌습니다. 영적으로는 더 잘 풍요롭고 더 많은 평화를 누리며 결혼도 하여 가정을 꾸렸고, 경제적으로는 이전에 비해 열 배 이상 수입이 늘었습니다. 영양과 건강 면에서도 균형 잡힌 식생활을 하며 일하고 있고, 삶의 모든 영역이 개선됨에 따라 가족의 미래와 안전, 덜 스트레스를 받는 길을 계획하고 있습니다.

목표를 쓰기 시작할 때 저는 아주 좋지 않은 상황에 처해 있었습니다. 경제적으로 쪼들리고 있었고, 사업도 성공과는 거리가 멀었기에 좋은 시절은 이제 다 지나가 버렸다고 생각하고 있었습니다. 당연히 가정생활도 엉망이었습니다.

어포메이션을 사용한 후 가장 큰 변화를 경험한 것은 경제적인 부분이었습니다. 제가 알지도 못하는 사람들이 저를 찾았고, 매월 5천에서 1만 달러 정도를 지불하는 고객을 만났습니다. 그런 일이 한 달에 서너 번 정도 생겼습니다.

솔직히 말하면 어포메이션을 쓰기 시작한 초기에는 절대로 변화가 일어날 것 같지 않았습니다. 그러나 어포메이션은 저에게 강하고 분명한 목표를 주었고 저는 그것을 뇌 속에 각인시켜 제 삶에서 더 많은 것을 이끌어냈습니다.

많은 사람이 하루를 지내면서 자동 항법 장치를 켜고 원하는 것에 집중하지 않습니다.

저는 어포메이션을 사용함으로써 이전에 보지 못했던 새로운 기회를 보게 되었습니다. 기회가 없거나 제게 오지 않았기 때문이 아니라 제가 안테나를 세우지 않아서 그것을 잡지 못했던 거였습니다. 이것은 마술이나 속임수가 아닙니다. 이것은 자신이 원하는 것을 알고 그것을 자신에게 계속 상기시킬 때 일어나는 일입니다. 이것을 알기도 전에 사람들은 이런 아이디어와 기회에 압도당할 것입니다.

노아 씨, 저는 당신을 저의 모든 친구에게 추천하면서 "너의 인생이 행복하지 않다면(지금보다 더 행복하고 싶다면) 노아의 교육을 받아 봐. 그가 가르치는 것을 적용하고 그것을 꾸준히 지속한다면, 모든 것이 좋아지는 걸 경험하게 될 거야."라고 말합니다. 그러면 어떤 사람들은 "너, '끌어당김 법칙' 같은 거에 빠졌구나."라고 하면서 이것을 마술이나 속임수로 치부합니다. 그러나 저는 전혀 그런 것이 아니라고 하면서 안테나를 세우고 자신의 목표에 이르는 최선의 길을 찾기만 하면 된다고, 그 이유는 당신이 원하는 것을 바로 당신이 잘 알고 있기 때문이라고 이야기합니다.

만일 당신이 이것을 마술이라고 한다면, 라디오를 켜는 것 같은 마술이라고 할 수 있을 것입니다. 감사합니다.

또 한 고객은 이런 이야기를 보내 왔다.

노아 씨께,

제가 처음으로 어포메이션을 경험한 이야기를 전해 드리려고 합니다.

저는 다니고 있는 직장이 만족스럽지 않았습니다. 출근하면서도 나 자신을 향해 '왜 아직도 출근하는 거지?'라고 묻는 날이 많았습니다. 제가 하는 일에서 전혀 성취감을 느끼지 못했습니다. 그리 많지 않던 급여도 갈수록 줄어들었습니다.

직장의 변화와 함께 지난 2년 반 동안 세 개의 벤처 사업에서 실패한 이유를 찾던 중, 당신이 진행하는 온라인 어포메이션 시스템 프로그램을 접하고 당신이 제공한 자료를 공부하기 시작했습니다.

어포메이션에 대한 당신의 가르침을 듣고, 또 당신이 쓴 책을 읽은 후 저는 나 자신에게 묻던 질문을 바꾸기로 결심했습니다. 직장에서 행복과 성취감을 느끼지 못하는 이유를 묻는 대신 '왜 나는 일을 즐기는 거지?' '왜 나에게 이 일이 이토록 성취감을 주지?'라고 질문하기 시작했습니다.

솔직히 말해서 이런 질문을 부지런히 하지는 않았습니다. 그러나 직장에 대해 부정적인 생각이 들기 시작하거나 나 스스로 직장을 좋아하지 않는 이유를 묻기 시작할 때는 즉시 어포메이션 질문으로 돌아가 이러한 질문을 서너 번씩 반복했습니다.

12월 초에 우리 회사 CEO가 새로운 몇 가지 프로젝트를 담당할 사람을 찾고 있었습니다.

저는 회사에서 제가 하고 있는 역할(직무와 기술, 능력 등)을 살펴보았습니다. 그런 다음 새 프로젝트에 필요한 기술과 비교해 보았습니다. 그러자 갑자기 제가 그 프로젝트의 적임자라는 생각이 들었습니다!

이 생각을 집어넣어 어포메이션을 더욱 자주 사용했습니다. 이 질문을 시작할 때만 해도 저는 저에게 맞는 역할이 있을 거라는 생각은 하지도 못했습니다.

얼마 후 저는 그 프로젝트와 관련하여 CEO를 접할 좋은 기회를 찾았습니다. CEO에게 제가 바로 그 프로젝트를 맡을 적임자라고 했습니다. 그리고 이전에 맡았던 일의 급여가 만족스럽지 않았던 것과 새로운 역할을 맡게 되면 조금 더 받아야 한다는 말까지 용기를 내어 말씀드렸습니다.

놀랍게도 일주일도 채 되지 않아 협상이 완료되었습니다. CEO가 저에게 새로운 자리와 새로운 급여를 제시했습니다. 이후 저는 새로운 일을 맡았고, 전보다 두 배 이상 높은 급여를 받고 있습니다!

처음에는 제가 어포메이션으로 하던 일이 저에게 일어난 일들과 연결되어 있다는 것을 깨닫지 못했습니다. 하지만 당신이 준 재택 공부 자료를 보다가 비로소 알게 되었습니다. 지금 저는 세상을 해석하는 방식이 완전히 바뀌었습니다. 당신이 제게 가르쳐 준 덕분입니다.

과거에 저는 세상을 부정적으로 보면서 '대체 세상이 왜 이런가?'

물었습니다. 하지만 지금은 '내가 왜 이토록 많은 축복을 받고 있으며 일이 이렇게 멋지게 흘러가는가?'라고 묻습니다. 당신이 가르쳐 주신 대로 저는 부정적인 질문을 하고 있었기 때문에 세상이 부정적인 결과로 응답하고 있었던 것입니다.

질문을 바꾸자 저의 세상이 완전히 다른 것을 만들어 내기 시작했습니다!

처음에는 재택 공부 교재를 너무 성급하게 공부했던 것 같습니다. 그러나 감사하게도 어포메이션이 효력을 발휘했습니다!

감사합니다.

— 마이클

추신: 지금은 두 번째로 어포메이션 시스템 과정을 공부하고 있습니다. 이번에는 더 많은 것을 배우게 되기를 기대하고 있습니다!

지금 다니고 있는 직장이 만족스럽지 않은가? 그렇다면 다음과 같이 솔직한 질문을 해 보아야 한다.

- 무엇 때문에 그렇게 느끼는가?
- 이 상황에서 나는 무엇을 할 수 있는가?
- 이 상황을 변화시키기 위해 나를 도와줄 사람은 누구인가?

직장이 싫다면 아마도 그에 대한 구체적인 이유가 있을 것이다.

어쩌면 그 시간에 당신이 다른 일을 하고 있기 때문일 수도 있다.

문제는 대부분의 사람들이 '그 다른 것'이 무엇인지 모른다는 것이다.

우리는 깨어 있는 시간 대부분을 일하는 데 사용한다. 따라서 직장을 싫어한다면 깨어 있는 시간 대부분을 좋아하지 않는 일을 하는 데 사용하는 셈이다.

자신의 기술과 재능, 능력, 주변 세상에 대해 새로운 질문을 시작하라.

그것은 풍요로운 삶에 이르는 길이 아니다.

알다시피 요즘은 정말 어려운 시기다. 어려운 시기에는 새로운 생각, 새로운 믿음, 특히 새로운 행동이 필요하다.

좋은 소식은 당신은 훨씬 더 능력 있고, 훨씬 더 유능하다는 사실이다.

그래서 나는 당신에게 자신의 기술과 재능, 능력, 주변 세상에 대해 새로운 질문을 시작하라고 권한다. 그러면 완전히 새로운 당신을 보게 될 것이다!

일에 대한 믿음

- 왜 나는 계속 성공할까?
- 왜 나는 내 일에 이토록 자신이 있을까?

- 왜 나는 내 직장을 사랑할까?

- 왜 나는 내가 원하는 것을 얻을까?

- 왜 나는 내 일에 만족을 느낄까?

- 왜 나는 운 좋게도 계속 일이 주어질까?

- 왜 나는 진정한 나를 표현하면서 일에 대해서도 충분한 보상을 받을까?

- 왜 나는 사람들에게 소중하게 여겨질까?

- 왜 나는 내 일을 좋아할까?

- 왜 나는 일을 하며 성취감을 느낄까?

- 왜 나에게는 내가 좋아하는 일을 하면서 합당한 돈을 요구할 용기가 있을까?

- 왜 내게는 기회가 이토록 쉽게, 자주 올까?

- 왜 나는 언제나 거침없이 도전할까?

- 왜 나는 원하는 만큼 성공해도 아무 문제가 생기지 않을까?

- 왜 나는 크게 성공해도 편안할까?

- 왜 내 주변에는 나를 도와줄 멘토와 사람들이 모일까?

- 왜 나는 직장과 집에서 꼭 필요한 사람으로 인식될까?

- 왜 나의 재능이 직장에서 인정을 받을까?

- 왜 나는 사람들에게 인정받고 보상을 받을까?

- 왜 나는 목표를 세우는 즉시 이루어질까?

- 왜 나는 성공에 대한 비전이 이토록 분명할까?

- 왜 나는 사업과 삶에서 성공하는 것이 이렇게 수월할까?

- 왜 나는 어디를 가든 성공할까?

- 왜 나는 행복하고 성공한 것이 자랑스러울까?

- 왜 나는 나의 성공을 신께 감사할까?

- 왜 나는 늘 내가 원하는 만큼 성공할까?

- 왜 나에게는 성공이 빨리, 그리고 쉽게 찾아올까?

- 왜 나의 삶은 성공과 영성이 조화를 이룰까?

건강하게 일하는 습관

- 왜 나는 나에게 오는 모든 기회를 적절히 활용할까?

- 왜 나에게는 모든 것이 남을 만큼 충분할까?

- 왜 내가 원하는 것을 이루는 것이 다른 사람들이 원하는 것을 이루는 데에도 도움이 될까?

- 왜 나는 계획을 이토록 선명하게 시각화할까?

- 왜 나는 성공과 화평을 이룰까?

- 왜 나는 성공을 가로막는 일들을 잘 중단시킬까?

- 왜 나의 진로는 나의 꿈 이상으로 발전될까?

- 왜 나는 내가 하는 일을 좋아하고 또 좋아하는 일을 할까?

- 왜 나는 언제나 진실하게 행동할까?

- 왜 나에게 성공이 허락되는 걸까?

- 왜 나는 직장에서 안전할까?

- 왜 나는 승리를 좋아할까?

- 왜 나는 사람들에게 원하는 것을 편안하게 요청할까?

- 왜 나는 나의 일이 이토록 감사할까?

- 왜 나는 마음먹은 것 이상으로 성공할까?

- 왜 나는 내가 꿈꾼 삶을 살게 되는 걸까?

- 왜 나는 사업에서 이렇게 많은 성공을 거둘까?

- 왜 나는 진정으로 행복할까?

- 왜 나는 건강하고 부유하고 지혜로운 것을 좋아할까?

- 왜 나는 사람들을 도우면서도 정당한 이익을 얻을 수 있을까?

- 왜 나의 사업은 지출보다 수입이 많을까?

- 왜 성공한 사람들이 내 곁에 있기를 좋아할까?

- 왜 나는 변화가 필요할 때 변화를 선택할까?

- 왜 나는 다른 사람들의 롤모델이 될까?

- 왜 나는 다른 사람들의 삶에 많은 가치를 더해 줄까?

- 왜 나는 지금 현재와 평생 누릴 성공에 대해 신께 감사할까?

11

사랑과 친밀함 어포메이션

"사랑이 답이라면, 다시 질문해 주시겠습니까?"

– 릴리 톰린

덴버에서 세미나를 진행할 때 청중이었던 어느 젊은 여성이 있었다. 그녀는 매력적이고 지성적이고 다정한 사람이었기에 나는 사람들이 그녀에게 끌리는 것을 눈치 챌 수 있었다.

그런데 자신과 대인 관계에서 자신의 가치를 어떻게 생각하는지 의견을 물었을 때 그녀는 갑자기 울음을 터뜨렸다!

그녀는 고통스러운 이혼을 비롯하여 대인 관계에서 실패를 거듭해 왔기에 앞으로 다시 사랑을 할 수 있을지에 대해 거의 절망을 하고 있었다.

그러나 어포메이션을 배우고 나서 그녀는 자신도 모르게 다음과 같이 힘을 **빼는** 질문을 하고 있었다는 것을 깨달았다.

왜 나는 계속 사랑에 실패하는가?

왜 사랑이 이렇게 큰 상처를 주는가?

왜 나는 사랑할 수 없는가?

왜 나는 내가 꿈꾸는 사람을 만나지 못하는가?

왜 나에게는 내가 원하는 사람을 얻을 자격이 없는가?

그녀의 삶이 어땠을 것 같은가?

그렇다. 그녀의 삶은 그녀가 하고 있는 어포메이션을 그대로 구현하는 것이었다. 그녀가 무의식중에 하는 질문이 삶을 형성하여 사랑하고 사랑받는 능력에 대해 자신을 갖지 못했다. 그래서 그녀는 진실하고 항구적인 사랑 같은 것은 없을지도 모른다는 생각을 하기 시작했다.

이것이 바로 "자성 예언"이라는 것이다.

세미나가 끝나고 90일이 채 되기 전에 그녀가 사무실로 전화를 했다. 너무 흥분해서 호흡이 어려울 정도였다!

호흡을 가다듬은 후 그녀는 세미나가 그녀의 삶에 전환점이 되었다고 했다. 평생 처음으로 자신이 그릇된 질문을 하고 있으며 그것이 자신의 삶을 망치고 있었다는 것을 발견했다고 했다.

그래서 어포메이션 능력을 이해한 즉시 힘을 빼는 질문을 멈추고 다음과 같이 삶에 힘을 주는 질문을 했다.

왜 나는 내가 꿈꾸어 온 사람과 이토록 특별한 사랑을 하고 있는 걸까?

이와 같이 새로운 어포메이션을 하기 시작하자 그녀 마음의 자동 탐색 기능이 작동하여 새로운 패턴을 만들기 시작했다. 세상이 다르게 보이기 시작했다. 자신도 모르게 하던 부정적이고 힘을 빼는 질문 때문에 자신이 사랑받지 못하게 했던 것을 중단시키기 시작했다.

> 새로운 어포메이션이 그녀의 마음과 생각을 열어 진정한 사랑을 할 기회를 받아들이게 했다.

그런 다음 그녀는 믿음의 도약을 시작했다. 그리고 그것을 행동에 옮겼다! 새로운 어포메이션이 그녀의 마음과 생각을 열어 진정한 사랑을 할 기회를 받아들이게 했다.

그녀는 모험을 하고 마음을 열어 다시 사랑하기 시작했고, 원하던 남자를 만나 결혼에 골인했다. 이 모든 것이 새로운 질문을 하고 행동에 옮겼기 때문이다.

사랑의 세 단계

사랑에는 다음과 같은 세 단계가 있다.

1. 사랑에 대한 자신의 내적 믿음
2. 자신에게 적합한 사람을 찾는 과정
3. 자신에게 중요한 타인과 건강하고 친밀한 관계 유지하기

이 세 단계 중 어느 단계에서든 힘을 빼는 믿음을 가지고 있으면 친밀한 관계는 필연적으로 어려움에 빠지게 된다.

예를 들어 당신이 세미나에 참가했던 여성처럼 사랑에 대해 힘을 빼는 믿음을 가지고 있다면 그 믿음을 바꾸기 전까지 당신은 적합한 사람을 만나기가 매우 어려울 것이다.

혹은 당신이 무의식중에 다른 사람과 행복하고 지속적인 관계를 가질 수 없다고 믿는다면 어떻게 될까? 그럴 경우에는 적합한 사람을 만난다 해도 당신이 그 관계를 뿌리칠 길을 찾으려 할 수 있다. 물론 왜 그러는지 자신은 깨닫지 못할 것이다.

이 장에서 나는 사랑의 세 단계를 위한 각각의 어포메이션을 제공하였다. 대인 관계에서 당신이 마땅히 누려야 할 행복과 사랑을 찾기 원하기 때문이다. 사랑은 모든 것을 좋게 만든다. 반대로 사랑이 없으면 삶이 끔찍하게 공허해진다.

지금 있는 곳에서 사랑을 찾는 방법

만일 당신이 엉뚱한 곳에서 사랑을 찾고 있다면, 그 이유는 그릇된 질문을 하거나 그릇된 믿음을 가지고 있거나 그릇된 행동을 하기 때문이다(아니면 전혀 행동을 하지 않기 때문이다). 반대로 당신에게 중요한 타인과의 관계에서 행복하지 않다면 자신도 모르게 힘을 빼는 어포메이션을 하여 긍정적인 것보다는 부정적인 데 집중하고, 당신이 할 수 있고 가질 수 있는 것보다는 할 수 없는 것과 가질 수 없는 것에 집중하기 때문이다.

이 책에서 계속 이야기하고, 또 역사의 위대한 스승들이 가르친 것처럼 우리가 집중하고 주력하는 것이 커지기 마련이다. 사랑에 관한 어포메이션으로 당신이 가진 '사랑'이라는 선물, '당신'이라는 사랑의 선물로 초점을 바꾸기 바란다.

사랑에 대한 믿음

- 왜 나는 이토록 많은 사랑을 받을까?
- 왜 내 안에는 이토록 사랑이 많을까?
- 왜 나는 행복하고 건강하며 평화로운 관계를 누릴까?
- 왜 나의 사랑은 이토록 만족스러울까?

- 왜 나는 내가 진정으로 원하는 사랑을 요구하는 것이 자연스럽고 수월할까?

- 왜 나는 나에게 필요한 사랑을 받아들이는 것이 쉬울까?

- 왜 나는 무조건적으로 사랑할까?

- 왜 나는 기꺼이 다시 사랑하는 것을 시도할까?

- 왜 나는 사랑에 개방적일까?

- 왜 나는 사랑하고 사랑해도 안전할까?

- 왜 나는 순수하게 사랑할까?

- 왜 나에게는 사랑에 대한 열정이 있을까?

- 왜 사랑 많고 행복한 사람들이 내 곁에 있기를 좋아할까?

- 왜 나의 대인 관계는 이토록 원만할까?

- 왜 나는 다시 사랑해도 안전할까?

- 왜 나는 사랑을 쉽게 받아들일까?

- 왜 내 삶은 사랑받는 것과 영적인 것이 서로 조화를 이룰까?

- 왜 나는 진정한 사랑을 표현하는 것이 이토록 쉬울까?

- 왜 나의 관계는 늘 사랑이 넘치고 즐겁고 건강할까?

- 왜 나는 신의 사랑을 충만하게 표현할까?

- 왜 나의 삶은 온전한 사랑으로 가득할까?

- 왜 '진정한 나'의 모습은 사랑일까?

나에게 맞는 파트너 끌어당기기

- 왜 내가 꿈꾸는 사람을 찾는 것이 이토록 수월할까?

- 왜 나는 나에게 꼭 맞는 사람을 찾고 이토록 감사할까?

- 왜 나는 다시 사랑을 찾는 것이 어렵지 않을까?

- 왜 나는 다시 사랑하는 것이 기대될까?

- 왜 나는 중요한 타인에게 신뢰를 줄까?

- 왜 신은 내가 진정한 사랑을 찾도록 도우실까?

- 왜 나의 관계는 신의 소중한 선물일까?

- 왜 나는 과거를 용서할까?

- 왜 나의 과거는 미래와 동일하지 않을까?

- 왜 나에게는 다시 사랑할 수 있는 용기가 있을까?

- 왜 나에게는 쉽게 사랑이 다가올까?

- 왜 나는 '진정한 나'로서 사랑받을까?

- 왜 나는 영혼의 짝을 찾는 것이 이토록 쉬울까?

- 왜 나에게는 사랑이 빨리, 그리고 쉽게 찾아올까?

- 왜 나는 좋아하는 사람에게 매력적으로 표현될까?

- 왜 나는 행복하고 사랑받고 사랑하는 것이 자연스러울까?

- 왜 내 삶에는 사랑하는 분위기가 조성될까?

- 왜 내 주변에는 행복하고 건강한 관계가 가득할까?

건강한 사랑 습관

- 왜 나는 나에게 중요한 타인을 존중할까?
- 왜 나는 파트너와 그의 행동을 인정할까?
- 왜 나는 사랑이 이토록 쉬울까?
- 왜 나는 나에게 중요한 사람들이 매일 바른 일을 하는 것이 보게 될까?
- 왜 나는 유머 감각으로 관계를 재미있게 이끌까?
- 왜 나는 나의 파트너가 완벽하기를 기대하지 않을까?
- 왜 나는 나의 중요한 타인과 매일 사랑에 빠질까?
- 왜 나는 주변 사람들을 사랑하고 용서할까?
- 왜 나는 살아가면서 이토록 많은 사랑을 할까?
- 왜 나는 사랑받는 것을 이토록 감사할까?
- 왜 나는 사랑과 친밀함을 주고받는 것이 편안할까?
- 왜 나는 나의 파트너를 짐작하지 않고 온전히 이해할까?
- 왜 나는 상대방에게 사랑을 주고 나도 사랑을 받아들일까?
- 왜 나는 건강한 친밀함을 좋아할까?
- 왜 나는 진정으로 경청하며 파트너와 함께할까?
- 왜 나는 날마다 진정으로 사랑할까?
- 왜 나는 지혜롭게 사랑할까?
- 왜 나는 공개적으로 사랑할까?

- 왜 나는 매일 사랑을 주고받는 즐겁고 간단한 방법을 이토록 많이 알까?

- 왜 나는 파트너와 함께 하는 일에 열정적으로 몰입할까?

- 왜 나는 진정으로 사랑하는 것이 자랑스러울까?

- 왜 나는 내가 늘 원하던 대로 사랑받을까?

- 왜 나는 건강한 방법으로 사랑을 주고받을까?

- 왜 나는 주위 사람들이 더 많이 사랑받는다고 느끼도록 배려할까?

- 왜 나는 사랑하고 너그러운 것이 좋을까?

- 왜 나는 진정으로 행복하고 사랑하는 사람처럼 행동할까?

- 왜 나는 내가 누리는 사랑에 대해 날마다 신께 감사할까?

12

가족과 대인 관계 어포메이션

내가 처음으로 코칭했던 사람 가운데 '바브라'라는 재택 기반 사업을 하는 사람이 있었다. 바브라는 똑똑하고 근면하며 대인 관계 기술이 탁월한 사람이었다. 그러나 자신이 가능하다고 생각하는 데 성공하지 못하여 좌절감을 느끼고 있었다.

한 친구가 그녀에게 우리가 운영하는 웹 사이트(SuccessClinic.com)를 알려 주었고, 그녀는 나에게 연락하여 자신의 오래된 장벽을 극복하도록 코치를 부탁했다.

나와 함께 변혁적 코칭 방법을 진행하면서 그녀는 성공에 대한 두려움을 극복하기 시작했다. 나는 그녀에게 사업에서 더 성공하는 것처럼 자신이 원하는 성과와 관련한 어포메이션을 쓰라고 했다. 그러자 그녀는 남편이 자신을 더 많이 도와주기 원한다는 사실을 깨닫고 '왜 남편은 나와 나의 성공을 이토록 지원하는가?'라는 어포메이션을 썼다.

> 어포메이션이 그녀의 결혼생활을 변화시켰을 뿐 아니라 그녀의 자신감을 키워 주고 사업도 성장하게 했다.

일주일 후 코칭을 위해 전화를 걸었을 때 그녀는 나에게 "노아, 기적 같아요."라고 말했다.

그녀가 일할 준비를 하고 남편은 아래층에 있을 때(이것은 지난 20년 동안 늘 해 오던 그들의 생활방식이었다) 그녀는 속으로 새롭고 긍정적인 어포메이션을 했다. 그런데 갑자기 결혼생활 20년 동안 한 번도 없었던 일이 일어났다. 남편이 계단에서 부르더니 "여보, 오늘 좋은 하루 보내요. 사랑해요!"라고 하는 것이었다.

그날 오후 영업회의를 마친 후에도 남편이 그녀에게 전화를 걸어서 "오늘 회의는 어땠어?"라고 물었다. 그 일 역시 전에는 없던 일이었다.

그해는 그녀에게 최고의 해가 되었다. 어포메이션이 결혼생활을 변화시켰을 뿐 아니라 그녀의 자신감을 키워 주고 사업도 성장하게 했던 것이다.

행복한 관계를 맺는 법

내가 만나는 사람은 크게 두 가지 신호를 보낸다. 첫 번째 신호는 '내가 중요하다는 느낌을 가지게 해 주세요.'이고 두 번째 신호는 '나 먼저 도와주세요.'이다.

이것은 모든 사람이 자기가 중요하다는 느낌을 가지게 하고, 또 자신이 원하는 것을 갖게 해 줄 사람을 기다리고 있다는 의미다.

문제는 모든 사람이 다른 사람이 먼저 자기를 도와주기를 기다린다는 것이다. 그래서 나는 고객들에게 먼저 돕는 사람이 되라고 권한다.

당신이 다른 사람을 인정하고 칭찬하고 도우려 할수록(그들이 당신보다 나은 사람이어서가 아니라 당신에게는 줄 것이 많기 때문에) 더 많은 사람이 자석에 끌리듯 당신에게 모이게 된다.

롬시쇼크의 랍비 하임이 전해 준 옛 비유가 이 원리를 잘 설명해 준다.

하늘에 올라갔던 적이 있다. 먼저 지옥을 보러 갔다. 그 광경이 너무도 끔찍했다. 테이블이 줄지어 놓여 있고 그 위에는 맛있는 음식이 담긴 접시들이 있었다. 그런데 테이블에 둘러앉은 사람들의 얼굴이 창백하고 수척했다. 다들 배고픔에 허덕이고 있었다. 더 가까이 가 본 후에야 그들이 왜 그렇게 비참한지 알 수 있었다.

모두가 숟가락을 들고 있었지만 두 팔에 부목이 부착되어 있어서 팔을 굽혀 음식을 입으로 가져갈 수가 없었다. 음식을 가까이 들고 있으면서도 먹을 수 없는 이 불쌍한 사람들의 고통스러운 신음 소리를 듣고 있자니 가슴이 아팠다.

다음에는 천국으로 갔다. 그곳 역시 지옥에서 본 것과 같은 상황이었다(테이블이 줄지어 놓여 있고 그 위에는 맛있는 음식이 담긴 접시들이 있었다).

그러나 지옥과 달리 천국에 있는 사람들은 만족스러운 표정으로 앉아서 서로 담소를 나누고 있었고 테이블 위에 있는 풍성한 음식을 먹고 있었다.

가까이 가 보았더니 그 사람들의 두 팔에도 부목이 부착되어 있어서 팔을 굽혀 음식을 입으로 가져갈 수가 없었다. '그런데 어떻게 먹을 수 있는 거지?' 생각하며 주의해서 보았다. 한 사람이 자신의 숟가락을 들어 자기 앞에 있는 접시에 넣었다. 그런 다음 테이블 맞은편으로 손을 내밀어 맞은편 사람에게 먹여 주었다! 이런 친절을 받은 사람은 감사를 표하면서 자신도 몸을 내밀어 그 사람에게 음식을 먹여 주었다.

그제야 비로소 이해가 되었다. 천국과 지옥의 상황과 조건은 동일하다. 결정적인 차이는 사람들이 서로를 대하는 방식이다.

나는 이 해결책을 그 불쌍한 사람들에게 알려 주려고 지옥으로 달려갔다. 그리고 배고파하는 한 사람에게 이렇게 귀띔했다. "당신의 숟가락으로 옆 사람에게 먹여 주세요. 그러면 그 사람도 호의를 베풀어 당신에게 먹여 줄 것입니다."

그러자 그 사람은 화를 내며 "나에게 맞은편에 있는 저 지긋지긋한 사람에게 음식을 먹여 주라고요?"라고 했다. "저 사람에게 먹는 즐거움을 주느니 차라리 굶겠어요."

그것을 본 나는 신이 천국에 갈 사람과 지옥에 갈 사람을 선택하시는 지혜를 이해하게 되었다.

– 모시 크랭크, 〈천국과 지옥: 집단 비유〉 중에서

(www.hodu.com/parable.shtml)

이 비유의 교훈은 우리가 천국을 지옥으로 만들 수도 있고 지옥을 천국으로 만들 수도 있다는 것이다. 그 차이는 이 장 서두에 나온 마틴 루터 킹의 말 "당신은 다른 사람을 위해 무엇을 하고 있는가?"에 대한 답으로 결정된다.

이 책을 인쇄하기 직전에 고객 한 사람으로부터 매우 감동적이고 교훈적인 이야기를 듣게 되었다. 그래서 출판사에 급히 인쇄 중지를 요청하고 그 이야기를 추가했다. 그 이야기는 다음과 같다.

노아 씨께,

2009년 초 아버지의 병세가 심각해졌습니다. 부모님은 토론토 지역에 사셨고, 제가 있는 곳에서 자동차로 다섯 시간 정도 걸렸습니다. 어머니 혼자 감당하실 수 있는 상황이 아니어서 저는 매주, 혹은 격주 주말에 집으로 갔습니다. 그동안 우리는 아버지의 병을 알츠하이머로 알고 있었는데 뇌종양으로 판명이 났습니다. 결국 아버지는 2009년 '아버지의 날'(Father's Day)에 돌아가셨습니다.

저의 부모님은 독일에서 캐나다로 이민을 오셨습니다. 그래서 우리 가족은 도움을 받을 곳이 없었습니다. 숙모나 삼촌, 사촌, 조부모가 가까이 계시지 않았기 때문입니다. 그래서 저는 장례식과 결혼식 같은 가족 행사에 대해 다른 사람들처럼 잘 알지 못했습니다. 장례식과 관련된 많은 일뿐 아니라 추도사 역시 제가 담당해야 했습니다. 그러나 저는 그런 일을 할 준비가 되어 있지 않았습니다. 추도식을 일주일 남겨 두고 저는 슬라이드를 준비했습니다. 그건 별로 어려운 일이 아니었습니다. 앨범을 뒤져서 사진을 복사하여 순서대로 배열하면 되는 일이었으니까요. 그 일은 마치 이전의 스냅 사진을 여러 단계의 사진으로(흑백 사진, 초기의 컬러 사진, 폴라로이드 사진, 슬라이드, 그리고 마지막으로 디지털 사진) 정리하는 것 같았습니다.

하지만 추도사는 어떻게 해야 하는지 도무지 감을 잡을 수 없었습니다.

일단 추도사를 쓰기 시작했지만 뒤죽박죽 단편적인 내용만 생각이 났습니다. 일주일 중 하루가 그렇게 지나가 버렸습니다. 어떻게 해야 할지 도무지 생각이 나지 않았습니다.

바로 그때 어포메이션이 기적을 일으켰습니다.

노아 씨가 강의에서 가르쳐 주신 대로 저는 이렇게 썼습니다. '왜 나는 아버지의 별세를 이토록 의미 있고 감동적으로 추모할까?' 이것이 제가 생각할 수 있는 전부였습니다. 그렇게 하고 나서 저는 지쳐 잠이 들었습니다.

다음 날인 수요일에는 몇 통의 전화와 장례 관련 일들이 더 있었습니다. 그런 것은 잘 처리할 수 있었지만 다가오는 일요일에 있을 추도식에 필요한 말은 전혀 떠오르지 않았습니다. 저는 다시 전에 했던 대로 작은 종이 위에 어포메이션을 썼습니다. 심호흡을 하면서 뭐든 생각이 나는 대로 적었습니다. 몇 가지 중요한 사항과 단편적인 글을 쓰는 데 많은 시간이 흘렀습니다. 그래도 시작은 했습니다.

다른 종이에 어포메이션을 다시 썼습니다. 그날은 그 이상 할 수 없었습니다.

목요일에도 다시 시도했습니다. 먼저 어포메이션을 썼습니다. 전날 한 것을 다시 쓴 것입니다. 좀 더 많은 말이 나왔고, 한 가지 이야기와 한 가지 주제가 생각났습니다. 정말 힘들었습니다. 어떻게 이걸 방 안에 가득한 친구와 가족 앞에 내놓지?

그때 새로운 돌파구가 생겼습니다. 그 시간은 아버지께서 지금까지 잘 살아오신 삶을 기념하는 것임을 깨달은 것입니다. '미소를 지으며 이것을 즐기자. 말로 그 느낌을 전하자. 잘하고 있다는 생각이 들지 않더라도 미소를 잃지 말자. 미소를 지으며 말에 집중하자.'라고 결심했습니다.

놀랍게도 저희 집 작은 사무실에서 글을 읽는 동안 정말로 그렇게 되었습니다.

금요일 아침에 다시 어포메이션을 했습니다. 또다시 어포메이션을 썼습니다. 이것이 모아졌습니다.

토요일에 대해서는 잘 기억이 나지 않습니다.

마침내 일요일! 시간이 별로 없었습니다. 초도 슬라이드는 잘된 것 같았습니다. 다시 어포메이션을 했습니다. 이제 추도사를 조용히 읽어야 했습니다. 다소 거친 것 같았습니다. 세부 사항을 더하고 요점을 분명하게 수정했습니다. '침착하자. 잘될 거야!'

일요일 오후에 사람들이 도착했습니다. 함께 눈물을 흘리고, 함께 웃었습니다. 추도식이 시작되었습니다. 생각의 조각들이 정리되었고 드디어 말할 때가 되었습니다.

지금까지 기록했던 어포메이션이 생각났습니다. 저는 미소를 지으며 시작했습니다. 적중했습니다. 자연스러우면서도 심금을 울리고 아름다웠습니다. 모든 것이 잘되었습니다.

힘들긴 했지만 어포메이션이 아니었다면 제가 어떻게 이 일을 해

냈을지 상상이 되지 않습니다.

감사합니다.

당신의 대인 관계(직장 동료나 가족, 친척 등)가 개선되기 원한다면 다음의 어포메이션을 사용하기 바란다. 장담컨대 당신에게도 기적이 일어날 것이다.

대인 관계에 대한 믿음

- 왜 나는 대인 관계가 이토록 행복할까?

- 왜 나는 이렇게 좋은 친구가 많을까?

- 왜 나는 행복하고 건강한 관계가 이토록 많을까?

- 왜 세상에서 가장 행복한 사람들이 나에게로 모일까?

- 왜 나는 친구들이 내가 필요한 순간에 함께해 줄 거라는 확신이 들까?

- 왜 나는 친구들이 나를 필요로 할 때 그들과 함께할까?

- 왜 사람들은 나에게 이토록 너그러울까?

- 왜 나는 다른 사람들에게 이토록 너그러울까?

- 왜 대단한 사람들이 자석에 이끌리듯 나에게 이끌릴까?

- 왜 나의 가족은 이토록 사랑이 많을까?

- 왜 나는 대인 관계에서 운이 좋을까?
- 왜 신은 나의 대인 관계에서 그분의 사랑을 보여 주실까?
- 왜 나는 건강하고 훌륭한 대인 관계를 이렇게나 많이 가질 수 있을까?
- 왜 내가 살면서 만나는 사람들은 나의 장점과 재능과 능력을 알아볼까?
- 왜 나는 대인 관계에서 행복을 느낄까?
- 왜 나에게는 행복하고 사랑 많은 사람들이 모일까?
- 왜 나는 이토록 행복하고 온전할까?
- 왜 나는 행복하고 온전한 것을 좋아할까?
- 왜 행복하고 건강한 사람들이 나와 함께하고 싶어할까?
- 왜 나는 어디를 가든 행복한 사람들을 만날까?
- 왜 나는 행복하고 건강한 것이 자랑스러울까?
- 왜 나는 내가 늘 원하던 대로 행복하게 살까?

건강한 대인 관계 습관

- 왜 사람들은 내가 진정으로 멋진 사람임을 알아볼까?
- 왜 내 친구들은 나에 대해 진실을 말할까?
- 왜 나에게는 사랑의 거울(내가 세미나와 코칭 프로그램에서 가르치는 것처럼,

사랑의 거울이란 진정한 당신을 알아보고 당신의 꿈을 실현하도록 돕는 사람이다. 다른 어포머들이나 사랑의 거울을 만나려면 www.NoahStJohn.com을 방문하라)이 이토록 많을까?

- 왜 나는 친구와 가족에게 사랑의 거울이 될까?
- 왜 나는 적극적으로 사람들의 좋은 면을 볼까?
- 왜 나는 다른 사람들의 좋은 점을 쉽게 인정할까?
- 왜 나는 만나는 모든 사람에게서 좋은 점을 찾을까?
- 왜 나는 만나는 모든 사람을 지원할까?
- 왜 나는 친구들을 무조건적으로 지지할까?
- 왜 나의 친구들은 나를 지지할까?
- 왜 나는 훌륭한 사람들과 풍성한 관계를 누릴까?
- 왜 나는 이토록 강력한 관계 네트워크를 가지고 있을까?
- 왜 나는 과거를 용서할까?
- 왜 나는 나의 인생에 대해 완전한 책임을 질까?
- 왜 나는 만나는 모든 사람의 삶을 풍요롭게 할까?
- 왜 나는 자녀들의 훌륭한 점을 알고 그들이 잘한 일들을 알게 해줄까?
- 왜 나는 자녀들에게 좋은 본을 보일까?
- 왜 나는 변화와 성장을 위한 다른 사람들의 노력을 지원할까?
- 왜 나는 내가 꿈꾸던 것 이상으로 행복할까?
- 왜 나는 풍요로운 삶을 계획할까?

- 왜 나는 내가 꿈꾸던 관계를 누릴까?

- 왜 나는 대인 관계에서 이토록 행복할까?

- 왜 나는 내 삶에서 만나는 사람들을 좋아할까?

- 왜 나는 건강한 관계를 좋아할까?

- 왜 나는 사람들에게 나의 에너지를 지혜롭게 투자할까?

- 왜 나는 사람들의 삶에 가치를 더하는 창의적이고 즐거운 방법을
  찾을까?

- 왜 나는 다른 사람들의 가장 좋은 것을 투영할까?

- 왜 나는 모범을 보일까?

- 왜 나는 건강한 관계를 많이 갖는 것을 좋아할까?

- 왜 나는 행복하고 너그러울까?

- 왜 나는 훌륭한 친구를 많이 갖고 있을까?

- 왜 나는 매일 나의 모든 행복과 기쁨에 대해 신께 감사할까?

13

두려움 극복 어포메이션

> **"두려움은 질문이다. 당신은 무엇을 왜 두려워하는가?**
> **우리의 두려움을 탐구할 수만 있다면**
> **자신을 아는 지식의 보물 창고가 된다."**

– 메릴린 퍼거슨

두려움이 무엇인지 아는가?

우선 두려움이 아닌 것을 살펴보자. 두려움은 '사실처럼 보이는 거짓 증거'(False Evidence Appearing Real)가 아니다.

아마도 당신은 이러한 말을 수없이 들어 왔을 것이다. 그래서 나도 그렇게 말할 것이라 예상할 것이다.

솔직히 말하면 오래전 어느 명석한 강사가 그 말을 소개했고, 불행하게도 그 말은 우리 업계에 널리 받아들여지는 말 중 하나가 되었다. 실제로 우리는 이 말을 너무도 많이 들었기 때문에 진리로 받아들이고 있다.

그러나 두려움은 그것이 아니다.

두려움이 진정으로 의미하는 것은 '고통을 예상하는 것'이다.

두려움은 매우 실제적인 인간의 감정으로 당신에게 해가 될 수 있는 것을 예상하거나 기대할 때 나타난다. 두려움을 느낄 때 본질적으로 당신은 자신에게 "_____이 내게 고통을 주면 어떡하지?"라고 말하고 있다.

아이러니하게도 두려움은 당신을 보호하기 위해 존재한다. 그러나 당신이 마땅히 되어야 할 사람이 되지 못하게 할 수도 있다.

우리는 우리가 통제할 수 없다는 것을 알 때 두려워한다. 두려움은 개인적인 통제가 불가능함을 인지한 데 따른 감정적 결과다.

그러므로 통제와 두려움은 부적 상관관계다. 즉 삶에 대한 우리의 통제력이 많아질수록 우리가 느끼는 두려움은 적어진다.

> 삶에 대한
> 우리의 통제력이
> 많아질수록
> 우리가 느끼는
> 두려움은 적어진다.

인간의 가장 기본적인 두려움과 그것을 극복하는 방법

인간의 가장 기본적인 두려움은 거부에 대한 두려움이다. 예컨대 '내가 이렇게 할 때 저 사람이 나를 거부하면 어떡하지?' 같은 것이다. 이것이 인간의 가장 기본적인 두려움이 되는 이유는 무엇일까? 오래 전 우리 인류는 생존을 위해 부족 생활을 했다. 그래서 우리가 나쁜 일을 하면 그 부족에 대한 범죄로 여겨졌다. 그 문화에서 가장 가혹한 형벌은 사형이 아니라 부족에서 추방하는 것이었다. 추방을 당하면 스스로 생존하는 것이 사실상 불가능했기 때문이다.

그렇다면 이것이 현대 사회의 거부에 대한 두려움과 어떤 관계가 있을까? 이 두려움은 사회와 사업, 집과 가정생활 등에서 나타난다. 당신이 영업을 하는 사람이고 실적을 높이려 한다고 생각해 보자. 그렇게 하는 가장 좋은 방법은 무엇일까? 기존 고객에게 전화를 걸어서 더 구매할 것이 없는지 물어보는 일일 것이다.

아마도 당신은 이것을 많이 생각해 보았을 것이다. 그러나 보통 사람들은 어떻게 하는 줄 아는가? 그들이 그 즉시 하는 생각은 '나는 그들을 괴롭히고 싶지 않아. 그들은 관심이 없을 거야.'이다.

보통 사람들은 무엇을 해야 할지 알면서도 대부분 행동에 옮기지 않는다. 그 이유는 거부에 대한 두려움에 굴복하기 때문이다. 그러나 크게 성공하는 사람들은 거부에 대한 두려움을 느끼고 또 마음속으로 그러한 생각을 함에도 불구하고 전화기를 집어 들고 전화하기 시작한다. 즉 크게 성공하는 사람들과 보통 사람들의 중요한 차이점 하나는 크게 성공하는 사람들은 두려움을 넘어 무언가 행동을 한다는 것이다.

어떻게 하면 두려움이 있어도 행동을 취하는 습관을 들일 수 있을까? 두려움은 고통을 예상하는 것이므로 두려움을 해소하는 가장 빠른 방법은 행동을 취한 결과로 겪게 될 고통을 받아들이는 것이다. 예를 들면 어렸을 때 나는 거부에 대한 두려움이 없었다. 거부가 분명했기 때문이다! 당신도 깡마른 몸에 두꺼운 안경을 쓰고 머리카락은 어깨너비로 퍼져 있는 괴상한 아이로 자랐다면 내가 고통스러울 정도로 수줍어하면서 낯선 사람과 이야기하기를 두려워하는 이유를 어렵지 않게 이해할 것이다.

결국 나는 거의 모든 사람이 나처럼 거부에 대한 두려움을 가지고 있다는 것을 이해하게 되었고, 그때부터 정신 훈련을 시작했다. 내가 말을 건네는 사람이 나를 거부하는 상황을 상상하고, 그다음에는 어떤 느낌이 들지 상상하는 것이었다.

결과가 어땠을 것 같은가? 완전히 낯선 사람(나를 모르는 사람)에게 거부당하는 두려움을 감정적으로 받아들이자 그 상황을 통제한다는 느낌이 강해졌다. 내가 두려워한 만큼 해가 되지 않는다는 것을 깨달았기 때문이었다.

이 습관을 들이면서부터는 누구를 만나든 자신감이 커졌다. 심지어 어느 날 우연히 만난 금발의 미녀에게 전화를 걸어서 춤추러 가자고 요청할 정도로 자신감이 생겼고, 그녀는 결국 나의 아내가 되었다!

또 하나의 예를 들어 보겠다. 다음은 스콧이 온라인 어포메이션 마스터 마인드 그룹에 올린 이야기다.

노아 씨께,

야호! 제 사업 실적이 이번 달에 두 배로 증가하고 있습니다. 저는 최고의 사업 성공 아이어폼 오디오를 사용하고 있는데, 정말 대단합니다. 저는 잠을 잘 때도 노트북으로 그것을 켜 놓아 의식하는 (비판적) 생각이 비켜 가게 합니다. 어포메이션을 알기 전, 저는 재택 기반 사업을 몇 번 해 보았지만 제 안에 저를 제한하는 프로그램이 들어있어서인지 스스로 장벽을 만들어 냈습니다. 저는 이것을 "거부에 대한 두려움"이라고 했지만 사실은 성공에 대한 두려움이었습니다.

쉽게 말해 저는 성공할 자격이 없다고 생각했습니다. 그래서 실제로 긍정적인 결과를 거부했습니다. 어포메이션을 시작하고 5주가 지난 후, 비로소 저는 두 명의 진지한 경영 컨설턴트를 만났고, 그중 한 분의 첫 고객이 되었습니다. 이것은 지난 10년 동안 제가 사업을 위해 노력한 것 가운데 가장 큰 성과입니다. 감사합니다.

며칠 전에는 다음과 같이 감동적인 이야기를 받았다.

이 이야기는 재능 있는 예술가가 어포메이션으로 어떻게 두려움을 극복하는지 보여 준다.

노아 씨께,

어포메이션이 어떻게 저의 삶을 변화시켜서 열정과 목적을 되찾게 했는지 말씀드리려고 이 글을 씁니다.

저는 성인기 대부분을 전문적인 가수와 작곡가 및 워크숍 리더로 살았습니다. 저는 늘 음악이 저의 소명이라고 생각했지만, 장기간 병을 앓고 난 후부터는 음악으로 저의 많은 치료비를 감당할 수 없을 것 같아 두려웠습니다. 그래서 두려움 때문에 치과 교정 사무실에서 매니저로 일하기 시작했습니다.

저는 그 일에 마음을 쏟고, 맡은 일에 많은 시간을 썼습니다. 매일 저녁 녹초가 되어 퇴근을 했기에 음악은 뒷전으로 밀려났습니다. 출근하는 동안은 노래를 하고 작곡도 했지만, 낮에는 일에 집중할 수밖에 없었습니다. 그러면서 이것이 생계를 지탱하는 유일한 길이라고 스스로를 위로했습니다. 주말에는 간신히 힘을 내어 작곡을 하고 공연을 했습니다. 그리고 나면 나의 본모습을 찾은 것 같아서 행복했습니다!

제가 낮 시간 동안 치과에서 일하는 것을 알게 된 사람들은 이해가 되지 않는다는 표정을 지으며 "당신의 재능은 음악인 것이 분명한데 왜 치과에서 일을 합니까?"라고 했습니다. 물론 저도 속으로는 그렇게 생각했습니다.

그러다 당신의 세미나에 참가하여 어포메이션에 대해 들었습니다. 당신이 어포메이션을 사용하여 꿈을 이루는 법을 설명할 때 저는 인생 최고의 깨달음을 경험했습니다.

당신은 그동안 제가 찾고 있던 잃어버린 조각을 보여 주었습니다. 그렇게 간단하고 쉬운 방법이 실제로 효과가 있을까 싶었습니다. 집으로 돌아온 후 저는 이런 질문을 했습니다.

'왜 나는 전업으로 노래하고 작곡을 할까?'

'이제는 내가 두려워하지 않기 때문이야.'라는 대답이 즉시, 그리고 자연스럽게 나오면서 눈에 눈물이 고이고 목이 메었습니다.

저는 당신이 가르쳐 준 대로 힘을 주는 질문을 하기 시작했습니다. 그 대답이 저의 생각과 꿈으로 넘쳤습니다. 생각이 행동으로 변화되었습니다. 그리고 상황이 변화되기 시작했습니다.

그러면서 저의 음악에 대한 요청이 들어오기 시작했습니다. 치과에서 일하는 시간을 줄이고 작곡하고 노래하는 시간을 조금씩 늘리기 시작했습니다. 저의 꿈을 향해 천천히 이끌려 가는 것을 느낄 수 있었습니다.

고객들이 노래와 강연, 워크숍을 늘려 달라고 요청했습니다. 결국 낮시간에 하던 일을 정리했습니다. 두려움이 용기로 바뀌면서 그 일을 할 필요가 없어졌기 때문입니다.

발걸음을 내디디면서 자신감을 갖게 되었습니다. 전 세계의 소녀들을 위한 프로그램을 위해 제가 쓴 노래를 인도 어린이들이 부르고, 또 생명을 위한 챌린지를 위해 제가 쓰고 공연한 노래의 치유 메시지에 암환자들과 보호자들이 감동하는 것을 보면서 음악으로 세상을 변화시키기 원하는 제 마음의 소원이 실현되는 것을 느꼈습니다.

요즘은 그 어느 때보다 열정과 목표로 가득 차 있습니다. 마음이 활짝 열려 제가 하는 일을 사랑합니다.

계속 전진하면서 어포메이션을 사용할 것입니다. 효과가 있으니까요!

노아 씨, 감사합니다 어포메이션이 제 삶의 목적을 되찾게 해 주었습니다!

어포메이션을 사용하면 다시는 두려움을 느끼지 않는다고 말하는 것이 아니다. 어포메이션을 제대로 사용한다면 두려움에도 불구하고 행동을 취하도록 도움이 된다고 말하는 것이다. 다른 사람이 당신을 거부하거나 인정하지 않을 때 상처를 받는 것은 매우 자연스러운 일이다. 또 새로운 일을 하려고 할 때 두려움을 느끼는 것도 지극히 자연스러운 일이다.

어포메이션을 사용하여 당신이 두려워하는 그 일을 하고 '진정한 당신'을 더 많이 표현할 용기를 얻기 바란다. 두려움 저편에는 당신이 바라는 자유가 있기 때문이다.

삶에 대한 믿음

- 왜 나는 지금 이대로 충분할까?

- 왜 나는 안전할까?

- 왜 모든 것이 내 생각보다 잘될까?

- 왜 나는 잘될까?

- 왜 신은 나와 함께하실까?

- 왜 나는 걱정이 없을까?

- 왜 나는 이토록 침착할까?

- 왜 나는 평화로울까?

- 왜 나는 나에게 닥친 문제의 해결책을 수월하게 찾을까?

- 왜 나는 이토록 자신이 있을까?

- 왜 나는 이토록 느긋할까?

- 왜 나는 이 문제를 다루고도 남을까?

- 왜 나는 평안을 느낄까?

- 왜 신은 나를 특별히 보살피실까?

- 왜 나는 이토록 평화로울까?

- 왜 내 인생에는 평화가 따를까?

- 왜 나는 두려움을 어렵지 않게 극복할까?

- 왜 신에 대해 두려움을 느끼지 않을까?

- 왜 사람들은 내가 훌륭한 사람임을 알아볼까?

- 왜 나는 이토록 많은 사랑을 받을까?

- 왜 사람들이 나를 우호적으로 도울까?

- 왜 좋은 사람들이 나를 사랑하고 지지할까?

안전한 느낌

- 왜 고독은 비현실적인 환상으로 느껴질까?

- 왜 매일 평화와 즐거움이 넘칠까?

- 왜 나는 과거의 상처를 쉽게, 그리고 감사하며 잊을까?

- 왜 나는 오늘도 승리할까?

- 왜 나는 비합리적인 믿음을 버리고 행복해질까?

- 왜 신은 나의 삶을 평온하게 하실까?

- 왜 나의 몸과 정신과 영혼은 내가 선택한 일을 하기에 충분히 건 강할까?

- 왜 나는 무엇이든 거침없이 도전할까?

- 왜 내 안에는 신의 능력이 있을까?

- 왜 나는 쉽게 용서하고 잊을까?

- 왜 나는 모든 일이 잘될 것을 알까?

- 왜 나는 _____(내가 두려워하는 모든 것)을 해도 괜찮을까?

- 왜 나와 관련된 모든 것이 결국 가장 좋게 이루어질까?

- 왜 나는 나의 재능으로 세상을 돕는 것이 이토록 감사할까?

- 왜 나는 훌륭한 사람들에게 전화하는 것이 즐거울까?

- 왜 나는 내가 하는 일로 다른 사람들을 섬길까?

- 왜 나에게는 결핍이 없을까?

- 왜 나는 신의 완전한 보호를 받을까?

- 왜 나는 나의 새롭고 진실한 자아를 있는 그대로 수용할까?

- 왜 나는 '진정한 나'를 사랑할까?

- 왜 나는 내가 진정으로 원하는 일을 해도 안전할까?

- 왜 나는 생각하는 모든 일에서 성공할까?

- 왜 나는 진정한 나를 표현하는 것이 행복할까?

- 왜 나는 나의 새롭고 건강한 습관을 좋아할까?

- 왜 나는 진정한 나로 사는 것을 좋아할까?

- 왜 나는 내 일을 잘할까?

- 왜 나는 과거로부터 자유로울까?

- 왜 나는 나의 새롭고 자신 있는 자아를 좋아할까?

- 왜 두려움(FEAR)이 '모든 것을 느끼며 편안하라'(Feel Everything And Relax)일까?

14

나쁜 습관 극복 어포메이션

"모든 질문에는 답이 있다.
모든 사람이 실패하는 것은 그릇된 질문을 하기 때문이다."

– 리처드 디아즈

습관이란 무엇인가? '좋은 습관'과 '나쁜 습관'의 기준은 무엇인가? 간단히 말해서 습관이란 당신이 반복적으로 하면서 대체로 그것에 대해 생각하지 않는 것을 말한다. 즉 당신이 일반적으로 하는 매일의 습관(매일 하는 일)은 아마도 다음과 같은 것들일 것이다.

- 아침에 일어나는 일

- 목욕

- 출근 준비

- 아침 식사

- 출근

- 근무

- 점심 식사

- 야근

- 귀가

- 저녁 식사

- 취침

전형적인 하루 같지 않은가? 완전히 정상적인 습관 아닌가? 문제는 풍성한 삶이나 불행한 삶이 되게 하는 것은 우리가 하는 일이 아니라 그 일을 하는 방법이라는 것이다. 그래서 나는 당신이 실제로 하는 일은 물론 그 일을 하는 방법을 살피라고 하고 싶다.

예를 들어 대부분의 사람들이 아침에 일어나서 첫 번째로 하는 일(출근 준비)을 살펴보자. 그 단순한 일을 당신은 어떻게 하는가? 투덜대며 하는가, 아니면 감사하며 하는가? 행복한 마음으로 하는가, 아니면 무거운 마음으로 하는가? 걱정하며 하는가, 아니면 편안한 마음으로 하는가?

혹 당신의 머릿속에서 다음과 같은 독백이 이루어지고 있지는 않는가?

또 하루가 시작되었다. 돈을 벌어야지…. 또 일하러 가야지….
&%$* 같은 사무실….

아니면 다음과 같은가?

야호, 난 내 일이 좋아!

어떤 생각을 했든 출근한 당신은 일을 시작할 것이다. 문제는 당신이 '직장에서 마땅히 해야 할 일을 수행하는 방식'이다. "이건 내가 할 일이 아니야."라고 하면서 큰 프로젝트를 미적거리며 다른 사람이 해주기를 바라고 있는가? 당신이 할 수 있는 일을 최소한으로 하면서 종일 시계만 들여다보고 있는가?(싫어하는 일을 하던 시절에 바로 내가 그랬다)

아니면 그날 해야 할 일을 체크하면서 제대로 일을 하고, 도움이 필요할 때는 도움과 지도를 부탁하고, 다른 사람을 최대한으로 도울 방법을 찾는가?

그렇게 일하고 있다면 앞에 예시한 사람처럼 일할 때와 얼마나 다른 하루를 살게 될지 짐작할 수 있지 않은가?

하루 일을 마치고 퇴근 시간이 되었을 땐 어떠한가? 혹 다음과 같이 행동하는가?

- 최대한 사무실에 남아서 집에 가서 해야 할 일을 피한다
- 집에 전화를 걸어서 "여보, 미안해. 오늘도 야근이야."라고 말한다
- 그날의 울분을 삭이기 위해 집으로 가는 도중 술집에 들른다

아니면 이렇게 하는가?

- 적당한 시간에 퇴근한다
- 하루 일을 잘 마쳤기에 편안한 마음으로 집에 온다
- 자신의 일을 제대로 하고 있다는 편안한 마음으로 잠자리에 든다

당신이 어느 편에 속하기 원하는지는 분명할 것이다. 그렇다면 어떻게 해야 그렇게 될 수 있는 걸까?

> 풍성한 삶이나 불행한 삶이 되게 하는 것은 우리가 하는 일이 아니라 그 일을 하는 방법이다.

세 가지 습관과 그것을 통제하는 방법

습관에는 세 가지가 있다.

1. 생각 습관

2. 언어 습관

3. 행동 습관

행동은 말에서 나오고, 말은 생각에서 나오며, 생각은 믿음이다. 다시 말해서 생각(믿음)이 말을 만들고, 말이 행동을 만들며, 행동이 결과를 만들고, 결과가 삶을 만든다.

지금까지 이 책에서 보아 온 것처럼, 생각에는 의식적 생각과 무의식적 생각의 두 차원이 있다. 즉 당신이 한 가지 생각을 할 때 실제로는 (자신도 모르게) 다른 생각을 하게 된다. 그래서 당신의 믿음의 간격을 극복하기가 매우 어렵다.

힘을 빼는 생각은 우리가 일반적으로 "나쁜 습관"이라고 하는 것을 낳는다.

이런 습관은 꾸물대는 습관, 흡연 습관, 손톱을 물어뜯는 습관, 이를 가는 습관, 과식 습관, 과소비 습관, 일하면서 잡담하는 습관, 버럭 화내는 습관 등이다. 나쁜 습관이 극단적으로 악화되면 도박, 마약 등과 같은 것에 중독이 되기도 한다.

> 나쁜 습관과 중독은 영혼이 자기 자신으로부터 숨는 방법이다.

이렇게 보면 부정적인 습관은 '왜 나에게는 되는 일이 아무것도 없지?'와 같이 힘을 빼는 믿음이나 '왜 나에게 이런 일이 생기는 거지?'라는 인류 역사상 가장 많이 힘을 빼 온 질문에서 비롯됨을 알 수 있다.

또한 나쁜 습관은 고통(거부, 실패, 고독, 권태 등)을 피하기 위한 방법이기도 하다. 그러므로 나쁜 습관과 중독은 영혼이 자기 자신으로부터 숨는 방법이다.

익명의 어느 독자가 다음의 이야기를 보내 주었다.

노아 씨께,

당신이 TV에서 인터뷰하는 것을 보고 당신을 한 번 더 출연시켜 달라고 그 방송사에 부탁했습니다.

몇 년 전에는 우리 회사 부서의 약 25명에게 당신의 책과 그 책에 담긴 지혜에 대해 말한 적도 있습니다.

그들 중 몇 명은 어포메이션을 사용하고 있습니다. 제가 당신의 책을 이야기해 준 것이 자신의 인생을 구했다고 말한 사람도 있습니다.

그는 5주 전 담배를 끊게 된 것이 당신의 책 덕분이라고 했습니다. 그리고 흡연 충동이 생길 때마다 자기 자신에게 '왜 나는 담배를 끊었을까?'라고 질문한다고 합니다.

그는 항상 자신의 결단을 지지하는 대답을 얻으며 유혹을 물리칩니다.

저도 당신의 책을 읽고 어포메이션을 사용하면서부터 사업이 매우 좋아졌습니다. 정말 감사합니다.

'팀'이라는 사람은 다음과 같은 이야기를 보냈다.

저는 커뮤니케이션 회사의 컨설턴트로 나이 든 여성분의 집에서 안전 시스템을 관리하고 있습니다.

그녀는 10분마다 밖으로 나가서 흡연을 했습니다. 너덧 차례 그렇게 한 것을 본 후 저는 그녀에게 혹시 흡연을 중단할 생각을 해 본 적이 있는지 물었습니다. 그러자 그녀는 "지난 20년 동안 매일 생각했어요."라고 대답했습니다.

그래서 어떤 노력을 해 보았느냐고 물었습니다. 그녀는 금연 패치, 약 복용, 무조건 중단하기, 최면 등 일일이 기억할 수 없을 정도로 많은 시도를 해 보았다고 했습니다. 흡연을 원하지 않는데도 그것을 끊지 못하는 것이 분명해 보였습니다.

저는 한 가지만 더 시도해 볼 수 있느냐고 물었고 그녀는 그러겠다고 했습니다. 그래서 저는 다음과 같은 질문을 종이에 써서 냉장고에 붙여 주었습니다.

'왜 나는 담배를 끊는 것이 이토록 쉬울까?'

저는 하루에 한두 번씩 그것을 보면서 염려하지 말고 그 질문에 대답하라고 했고 그녀는 그러겠다고 했습니다.

다섯 주가 지났을 때 그녀의 집을 방문할 일이 생겼습니다. 한 시간 반 이상 그녀의 집에 머물렀습니다. 그 사이 그녀는 한 번도 밖으로 나가지 않았습니다!

그녀의 집을 떠나면서 보니, 그녀가 흡연을 하던 곳은 깨끗이 청소가 되어 있었고 담배의 흔적도 발견할 수 없었습니다. 저는 돌아서서 그녀를 보았습니다. 그녀는 "왜 나는 담배를 끊는 것이 이토록 쉬운지 모르겠어요."라고 했습니다.

그래서 저는 "와, 그 어포메이션이 정말 효과적이었네요."라고 했습니다.

노아 씨, 감사합니다.

나는 코치할 때나 마인드 마스터 프로그램을 진행할 때 습관에 대해 좋거나 나쁘다는 말을 하지 않는다. 대신 "생산적", 혹은 "비생산적"이라는 말을 사용한다. '생산적인 습관'은 우리가 원하는 것으로 나아가게 하고, '비생산적인 습관'은 우리가 원하는 것에서 멀어지게 하는 것을 의미한다.

예를 들어 대부분의 사람들은 행복하고, 건강하고, 부유하기 원하지만 꾸물대고, 과식하고, 과소비하는 등의 습관은 우리를 그런 목표로 나아가지 못하게 한다. 오히려 목표에서 멀어지게 한다.

그러므로 자신의 습관에 대해 생각할 때는 당신이 원하는 것으로 나아가게 하는지, 아니면 멀어지게 하는지 살펴보고 조절을 해야 한다.

어포메이션 방법은 마술이 아니라 과학에 기초한 것임을 기억하라. 동일한 습관을 가진 채 단순히 새로운 질문을 하는 것만으로 당신의 삶이 변화되기를 기대해서는 안 된다. 당신의 행동을 변화시키지 않으면 결과를 변화시킬 수 없다.

> '생산적인 습관'은 우리가 원하는 것으로 나아가게 하고, '비생산적인 습관'은 우리가 원하는 것에서 멀어지게 한다.

그러나 힘을 빼는 질문이 당신이 원하는 것에서 멀어지게 하는 습관에 머물게 한다면, 어포메이션 사용이 좋은 첫걸음이 되어 당신의 생각을 변화시키고, 말을 변화시키고, 당신의 행동을 변화시켜 결국 당신의 삶을 변화시킬 것이다.

다음의 어포메이션을 사용하여 꾸물대는 습관, 과식하는 습관, 과소비하는 습관 등 당신이 벗어나기 원하는 나쁜 습관을 극복하는 데 도움을 얻기 바란다.

자신에 대한 믿음

- 왜 나는 진정한 나로 살아도 괜찮을까?
- 왜 나 자신을 좋아해도 될까?
- 왜 나 자신을 사랑해도 될까?
- 왜 나는 자유로운 것이 행복할까?

- 왜 나는 내 삶을 통제할 수 있을까?

- 왜 나는 진정으로 필요하지 않은 것을 쉽게 버릴 수 있을까?

- 왜 나는 나 자신이 사람들에게 사랑받게 할까?

- 왜 나는 조화로운 삶을 살까?

- 왜 나는 건강하고 행복한 것을 좋아할까?

- 왜 나는 내 감정의 주인으로 살아갈까?

- 왜 나는 충분히 좋은 사람이 되었을까?

- 왜 나는 늘 평화를 누릴까?

- 왜 신은 내가 있는 곳에 계실까?

- 왜 내 삶은 진정한 평화로 가득할까?

- 왜 나는 행복하고 평화롭게 지낼까?

- 왜 나는 날마다 진정한 마음의 평화를 누릴까?

- 왜 나는 놀랍도록 생산적일까?

- 왜 나는 행복하고 건강한 관계를 가지는 것이 자연스러울까?

더 나은 것을 선택하기

- 왜 나는 _____(꾸물대기, 과식, 흡연, 음주, 약물, 과소비, 신체적 · 정서적 자기 학대, 문란한 성생활, 강박적 수집, 손톱 깨물기 등의 자기 파괴적인 행동)을 멈추는 것이 이토록 쉬울까?

- 왜 나는 _____을 중단하는 것이 쉬울까?

- 왜 내 주변 사람들은 내가 _____을 중단하도록 도울까?

- 왜 나는 자유로울까?

- 왜 나는 청결하고 맑은 정신으로 살아갈까?

- 왜 나는 어수선한 것이 없는 집을 좋아할까?

- 왜 나는 완벽해지려는 노력을 중단할까?

- 왜 나는 내 몸에 적절한 영양을 공급할까?

- 왜 나는 내 몸을 소중하게 다룰까?

- 왜 나는 내 감정을 통제할 수 있을까?

- 왜 나는 사랑을 얻기 위해 해로운 것을 의지하지 않고 친구와 신을 의지할까?

- 왜 나는 건강하게 먹고 운동을 할까?

- 왜 나는 이토록 성취감을 느낄까?

- 왜 나는 필요한 순간에 내가 해야 할 일을 할까?

- 왜 나는 신을 의지하여 힘을 얻을까?

- 왜 나는 늘 내가 가진 것에 집중할까?

- 왜 나는 늘 내 삶에서 누리는 좋은 것에 집중할까?

- 왜 나는 모든 것을 통제하려는 욕구를 내려놓을까?

- 왜 나는 현재에 충실한 삶을 살까?

- 왜 나는 느긋한 평화를 즐길까?

- 왜 나는 나의 에너지를 좋은 일에 사용할까?

- 왜 나는 내가 늘 원하던 대로 행복하게 살고 있을까?

- 왜 나는 오늘도 행복을 선택할까?

- 왜 나는 체계적으로 시간을 계획할까?

- 왜 나는 자유를 즐길까?

- 왜 나는 평화와 기쁨이 가득한 삶을 살까?

- 왜 나의 결정은 언제나 현명할까?

- 왜 나는 행복하고 건강하고 온전하게 행동할까?

- 왜 나는 내가 원하는 삶을 살까?

- 왜 나는 오늘 누리는 내 삶의 풍성함에 대해 신께 감사할까?

15

영성 어포메이션

"나는 신께 묻고 싶은 백만 가지 질문이 있었다.
그러나 신을 만났을 때, 그 모든 질문이
내 마음속에서 사라지고 더 이상 아무것도 문제 될 것이 없었다."

– 크리스토퍼 몰리

신과 더 가까워지기 원하는가?(이 질문에는 함정이 있다)

내가 코칭하는 고객과 세미나 참가자 가운데 많은 사람이 신과 더
가까워지기 원한다고 말한다.

그러면 나는 종종 "왜 지금 당장 신과 가까이 있다고 느끼지 못합니까?"라고 묻는다.

그러면 그들 대부분이 현재 어려운 시기를 보내고 있거나 자신에게 중요한 것이나 사람(예를 들면 배우자, 부모, 직장, 포기할 수 없는 관계 등)을 잃었다고 대답한다.

그러면 나는 다시 "그런 것을 잃었다고 해서 신이 가까이 계시지 않는다고 느끼십니까? 왜죠?"라고 묻는다.

그리고 "신이라면 자신이 사랑하는 사람에게서 중요한 것을 앗아가시지 않을 것이기 때문입니다."라는 대답을 듣게 된다.

그 지점에서 나는 그들을 똑바로 쳐다본다. 그래서 그들 자신이 한 말을 스스로 들을 수 있게 한다.

이 세상을 살면서 과거나 현재에 자신에게 매우 중요한 것이나 중요한 사람을 잃지 않은 사람이 있다고 생각하는가?

잃고 얻는 것은 인간의 생각이지 신의 생각이 아니다. 모든 사람은 얻는 것은 좋아하지만 잃는 것은 좋아하지 않는다. 그러나 신께는 그 모든 것이 삶일 뿐이다.

> 영적인 세계에서는 잃어버리는 것이 없다.

영적인 세계에서는 잃어버리는 것이 없다.

'리처드'라는 한국의 독자에게서 온 이메일을 보자.

노아 씨께,

미국에 있을 때 당신의 책을 소개받고 서점을 찾아갔습니다. 책을 살 돈이 충분하지 않기 때문이었습니다. 그렇게 어포메이션을 알고 지금 제가 살고 있는 한국으로 와서 습관적으로 어포메이션을 사용하기 시작했습니다.

어포메이션을 사용하기 시작하면서 작은 기적들을 보고 체험하기 시작했습니다. 지금 저의 마음은 제가 진정으로 원하는 것으로 프로그램되어 있습니다. 이런 이야기를 웃으면서 할 수 있는 것은 이제 저의 상태를 알기 때문입니다.

제가 전혀 기대하지 않은 일들이 일어나면서 저는 제가 만드는 세계와 점점 더 가까워졌습니다. 저는 제 삶을 이끌어 가는 사람이지 결과물이 아닙니다.

모든 것이 연결되어 있음을 느끼기에 세상을 완전히 다르게 볼 수 있습니다. 주위에 긍정적인 메시지들이 수없이 널려 있습니다. 예전에는 이런 것을 몰랐습니다.

제가 원하는 세상이 이미 제게 존재하지만, 제가 원하는 것과 반대되는 것을 받아들이도록 프로그램되어 있었기 때문에 그걸 보지 못했다는 것을 알게 되었습니다. 지금은 아주 쉽게 제가 원하는 것을 보도록 프로그램할 수 있습니다. 당신의 책과 어포메이션 덕분입니다.

저에게 어떤 변화가 생겼는지 아십니까? 지금 제 지갑과 통장에는 충분히 많은 돈이 들어 있고, 더 나은 미래를 위해 더 많은 돈을 끌어들이고 있습니다. 여자 친구도 새로 사귀게 되었습니다. 그녀는 세상에 둘도 없는 사람입니다. 저의 소원이 이루어진 것입니다 (저는 지난 6년 동안 여자 친구가 없었습니다).

놀라운 것은 그녀와 직장과 그 외의 모든 것이 노력하지도, 기대하지도 않았는데 찾아왔다는 것입니다.

지금 당신에게 이메일을 쓰고 있는 동안에도 여자 친구와 메시지를 주고받고 있습니다.

그녀는 순수하고 착하고 긍정적인 사람입니다. 제 이야기도 잘 들어 줍니다. 당신이 볼 수 있도록 사진을 보내 드립니다.

어포메이션을 가르쳐 주셔서 감사합니다. 그것 때문에 제 삶이 변화되었습니다.

안녕히 계세요.

신은 우리 곁에 계신다. 어포메이션을 더 많이 사용할수록, 신이 멀리 있다고 느끼는 것은 신이 아니라 우리가 떠났기 때문이라는 것을 알게 된다.

신은 절대로 우리를 떠나지 않는다. 존재하는 모든 것이 신이기 때문이다.

다음의 어포메이션을 사용함으로써(그리고 스스로 만들어서) 신과 가까워지려면 다음의 문장 속에 담긴 진리를 깨달아야 한다는 사실을 이해하기 바란다.

신이 없는 곳은 아무 데도 없다.

신에 대한 믿음

- 왜 신은 내가 있는 이곳에 계실까?
- 왜 나는 신과 하나일까?
- 왜 신은 바로 내 곁에 계실까?
- 왜 나는 내가 원하는 대로 행동하고 소유해도 괜찮을까?
- 나는 왜 내 모습 이대로 감사할까?
- 왜 사랑이 지금 내 삶에 나타날까?
- 왜 내 모습 이대로 행복할까?
- 왜 내 삶에는 성취감이 있을까?
- 왜 나는 이처럼 매혹적일까?(앨라배마의 일곱 살짜리 학생이 이 어포메이션을
  가르쳐 주었다)
- 왜 나는 황금률대로 살까?
- 왜 나는 오늘 선한 청지기가 되려 할까?
- 왜 나는 오늘도 신의 사랑을 누릴까?
- 왜 내 삶에는 빛과 사랑이 가득할까?

- 왜 나는 신과 연결되어 있을까?

- 왜 신은 나를 완벽하게 돌보실까?

- 왜 나의 삶은 이렇게 멋진 선물인 걸까?

- 왜 나는 오늘 신의 모든 선물을 누리는 걸까?

- 왜 나에게는 세상에 나누어 줄 재능이 이렇게 많을까?

- 왜 오늘 나에게 기적이 일어날까?

- 왜 내 삶은 온통 기적일까?

- 왜 나에게는 줄 것이 이렇게 많을까?

- 왜 나는 늘 보살핌을 받을까?

- 왜 신은 나에게 필요한 것을 공급하실까?

- 왜 나는 넘치도록 공급받을까?

- 왜 나는 언제나 꼭 있어야 할 자리에 있을까?

- 왜 신은 나에게 성공에 필요한 모든 것을 주셨을까?

- 왜 나는 신이 나를 위해 바로 여기 계심을 알고 편안함을 느낄까?

건강한 영적 습관

- 왜 나는 언제나 좋은 때, 좋은 곳에서 좋은 사람이 되어 좋은 일을 할까?

- 왜 나는 당당하게 기적을 구할까?

- 왜 나는 오늘도 나를 위해 기적이 일어나게 할까?

- 왜 나는 즐겁고 풍부함 속에서 주고받을까?

- 왜 나는 이토록 영적 심지가 강할까?

- 왜 나는 오늘도 온전히 풍성함을 누릴까?

- 왜 나는 진정으로 내가 원하는 일이 일어나도록 올바른 질문을 할까?

- 왜 나는 나의 삶을 신께 감사할까?

- 왜 나는 신에 대한 믿음이 매일 성장할까?

- 왜 나는 성공적인 삶을 사는 성공하는 사람이 되었을까?

- 왜 나는 진정한 나를 표현하면서 다른 사람에게 유익을 줄까?

- 왜 나는 내가 원하는 일을 하면서 다른 사람에게도 축복이 되는 삶을 누릴까?

- 왜 나는 자연스럽게 성공할까?

- 왜 나는 신과 하나 되는 것을 기쁘게 받아들일까?

- 왜 나는 매일 신의 은혜 안에서 살까?

- 왜 나는 쉽고 자연스럽게 성공의 길을 걸을까?

- 왜 나는 완전한 수준의 성공을 누릴까?

- 왜 나는 다른 사람에게 자연스러운 성공을 보여 줄까?

- 왜 나는 나 자신을 신뢰할까?

- 왜 나는 신뢰할 가치가 있을까?

- 왜 나는 그 무엇도 막을 수 없는 믿음을 가졌을까?

- 왜 나의 영혼은 날마다 기뻐할까?

- 왜 나는 흔들리지 않는 믿음을 가졌을까?

- 왜 나는 진정한 내가 되고 그런 나를 표현하는 일이 쉬울까?

- 왜 나는 나의 성공으로 진정한 나를 표현할까?

- 왜 나는 내가 말하고 행동하는 모든 것으로 나의 진정한 빛이 비치게 할까?

- 왜 나는 매일 인생이라는 선물에 대해 신께 감사할까?

16

삶과 행복 어포메이션

> "당신의 소중한 시간을
> '세상은 왜 더 나은 곳이 되지 못하는가?'라고
> 질문하며 보내지 말라. 그것은 시간 낭비일 뿐이다.
> '어떻게 하면 내가 세상을 더 나은 곳으로 만들 수 있는가?'라고
> 질문해야 한다. 그 질문에는 답이 있다."
>
> – 레오 버스카글리아

텍사스의 고객 '데비'가 다음과 같은 이야기를 보내 왔다.

노아 씨께,

지난 일요일은 마치 『알렉산더와 무섭고 끔찍하고 좋은 일은 없는 아주 형편없는 날』이라는 제목의 동화처럼 느껴졌습니다! 토요일은 종일 아버지 집에서 나무 두 그루에서 죽은 가지를 잘라 내는 일을 도왔습니다. 말할 것도 없이 일요일은 지치고 아팠습니다!

일요일 늦은 오후에는 어디에 두었는지 모르는 핸드폰을 찾기 시작했습니다. 집 안을 샅샅이 살피고 전화를 걸어 보며 아버지께 전화해서 아버지 집에 두고 온 건 아닌지 확인했습니다. 하지만 두 집과 세탁물을 다 뒤졌는데도 전화기를 찾을 수 없었습니다.

아버지의 집을 살피고 집으로 돌아오는 길에 저의 소유인 새아버지 집에 들러서 최근에 우박으로 망가진 지붕을 새로 고친 이웃이 있는지 알아보기로 했습니다.

하지만 그 동네에서 새로운 지붕을 고치고 있는 집은 새아버지 집 뿐이었습니다. 새아버지 집에 어느 지붕 공사 회사의 푯말이 붙어 있었기 때문입니다! 저는 새아버지가 저와 상의도 없이 지붕을 고치기로 결정했다고 생각하여 당황했습니다.

속이 뒤집힐 것 같은 상태로 집에 왔고, 핸드폰은 어디 있는지 여전히 종잡을 수 없었습니다. 전화 회사에서는 전화를 걸면 즉시 음성 메시지로 넘어가는 걸 보니 망가졌거나 분실된 것 같다고 했습니다. 그래서 핸드폰 보험을 청구하려고 했습니다. 그러나 13분 전에 전화 회사의 업무가 끝나서 접수를 할 수 없었습니다.

계속 핸드폰을 찾다가 1만 달러 수표 두 장도 잃어버린 것을 알게 되었습니다. 며칠 전에 받고 시간이 없어서 아직 처리하지 못한 것이었습니다. 책상과 서류철과 은행 가방을 뒤져도 수표를 찾을 수 없었습니다. 저는 거의 미칠 지경이 되었습니다. 뜨거운 욕조에 몸을 담그고 친구에게 전화를 걸어서 마음을 추슬러야겠다고 생각했습니다. 친구가 늘 사용하는 기법이 있었는데 이번에는 잘 되지 않았습니다. 우리 둘 다 당신의 책을 읽었기에 어포메이션을 사용하기로 했습니다.

먼저 친구를 위해 어포메이션 하나를 만들고, 다음에는 나를 위해 '왜 나는 이렇게 행복할까?'라는 질문을 만들었습니다. 그렇게 농담조로 수면제를 먹고 모든 사무실이 다시 열리는 화요일까지 잠이나 자는 것이 최선이라고 생각했습니다!

잠자리로 가면서 저는 냉소적으로 "왜 나는 이-렇게 행복한 거지?"라고 중얼거렸습니다. 그렇게 침실 모퉁이를 돌 때 책장에서 무엇을 발견한 줄 아십니까? 핸드폰이었습니다!

핸드폰을 살펴보니 배터리가 분리되어 있었습니다(그래서 벨이 울리지 않았던 거였습니다). 저는 나무를 자르고 집에 돌아와서 허둥지둥 샤워를 하러 들어갔습니다. 그때 핸드폰을 평소 두지 않던 곳에 던져 둔 것이었습니다.

내가 전화 회사에 연락했을 땐 감사하게도 보험사 사무실이 닫혀 있었기 때문에 새 핸드폰을 신청할 수 없었습니다.

7월 4일 월요일 아침 일찍 지붕 공사 회사로 전화를 하기로 하고 근무가 시작되기를 기다렸다가 아침 7시 10분에 즉시 전화를 걸었습니다. 놀랍게도 어떤 사람이 전화를 받았습니다. 간단히 물어 보니 지붕이 아직 교체되지 않았고 교체할 필요도 없다고 했습니다(야호!) 새아버지 마당에 있던 그 푯말은 지붕 공사를 할 사람들을 위한 광고였습니다. 휴!

다음으로 나는 은행 가방을 보관하는 토트백을 살펴보았습니다. 그곳에 1만 달러 수표 두 장이 담긴 봉투가 있었습니다!

이 큰 문제 세 가지가 이렇게 빨리, 그것도 휴일에 해결되었다는 것이 믿기지 않았습니다! 어포메이션은 정말 마술 같습니다. 감사합니다.

코칭을 하거나 마스터마인드 수강생과 세미나 청중을 가르치면서 모든 인간의 감정을 설명하기 위해 사용하는 두 문장이 있다. 어느 날 아침 명상을 하다가 발견한 것이다.

마음으로 그것을 이해하면서, 이 두 문장은 현재 우리의 감정을 설명할 뿐 아니라 부정적인 감정을 즉각 긍정적인 감정으로 바꾸는 방법도 보여 준다는 것을 깨닫게 되었다.

준비되었는가? 두 문장은 바로 이것이다.

과거, 현재, 미래에 대한 당신의 생각이 긍정적이면 당신은 행복하다.

과거, 현재, 미래에 대한 당신의 생각이 부정적이면 당신은 불행
하다.

이 두 문장이 인간의 모든 감정을 설명한다. 두 문장의 핵심 단어는
무엇인가? '생각'이다. 왜 그럴까? 우리의 생각과 감정, 행동, 반응을
결정하는 것은 우리에게 일어난 일이 아니라 일어난 일에 대한 우리
의 생각이기 때문이다. 그 모든 생각이 우리의 삶을 만들어 낸다.

당신은 지난 10년이나 20년, 30년 전에 일어난 일에 대한 부정적인
생각이 오늘 당신의 삶을 결정하게 하지는 않는가?

지금 현재 당신이 누리는 모든 풍성함을 감사하지 않는가?

당신에게 일어날 미래의 일을 두려워하고 있는가?

만일 당신이 과거, 현재, 미래에 대해 이처럼 부정적인 생각을 가지
고 있다면 그 부분의 삶이 불행해질 수 있다(많은 사람이 이 세 가지 모두에 대
해 부정적인 생각을 가지고 있다!)

> 당신의 삶은
> 당신의 과거, 현재,
> 미래에 대한
> 당신의 의견에
> 불과하다.

반대로 엄청난 고통과 믿기지 않을 정도의 상실, 갈
등, 고난을 겪고 있음에도 자신의 과거, 현재, 미
래에 대해 긍정적인 생각을 가진 사람을 보았을
것이다. 솔직히 말해 보자. 살면서 그런 일을 겪
지 않는 사람이 얼마나 될 것 같은가?

고통과 갈등을 겪어도 행복을 선택하는 사람들을 어

떻게 보아야 할까? 그들은 과거에 자신에게 일어난 일과 현재 일어나고 있는 일, 그리고 미래에 일어날 일에 대해 긍정적인 생각을 가지기로 의지적인 선택을 했다. 자신이 알든 모르든 바른 질문을 하고 있는 것이다.

여기서 말하고 싶은 것이 하나 더 있다.

> 당신의 삶은 당신의 과거, 현재, 미래에 대한 당신의 의견에 불과하다.

당신의 과거는 어디에 있는가? 당신의 마음속에 있을 뿐이다.
당신의 현재는 어디에 있는가? 당신의 마음속에 있을 뿐이다.
당신의 미래는 어디에 있는가? 당신의 마음속에 있을 뿐이다.
이런 것은 우주 어디에도 있지 않고 오직 당신이 받은 그 탁월한 두뇌 안에 있다. 그러므로 이 책에서 이것 하나만은 배우기 바란다. 이것은 단순한 생각이지만 이 책이 가르치는 것들 중 가장 위대한 것이기 때문이다.

> 당신이 꿈꾸는 삶을 살기 원한다면 당신의 과거, 현재, 미래에 대한 생각을 변화시켜라.

지금 당장 당신의 어포메이션 일기를 꺼내 당신의 과거, 현재, 미래에 대한 그동안의 생각을 적으라. 자신도 모르게 당신이 원하지 않는 삶을 형성하는 질문을 했을 수 있다. 그 질문이 당신이 잃은 것, 가지지 못한 것, 절대로 가질 수 없을 것이라고 생각하는 것에 집중하게 하기 때문이다.

그것은 좋지 않은 생각이고 그릇된 질문이다.

그런 것을 붙들고 있는 사람은 당신뿐이다.

그것을 변화시킬 수 있는 사람 또한 당신뿐이다.

당신의 삶을 변화시키기 위해 그 질문을 변화시켜야 할 사람도 당신뿐이다.

이제 책 막바지에 이르렀다. 당신에게는 그러한 질문을 변화시키고, 새로운 생각과 가정과 믿음과 질문을 지원할 새로운 행동을 함으로써 당신의 삶을 변화시킬 능력이 있다는 것을 깊이 인식하라.

다음의 새롭고 힘을 주는 어포메이션을 사용하여 당신이 가지고 있는 가정에 도전하고, 당신의 생각을 바꾸고, 믿음을 개선하고, 집중 대상을 바꾸어 당신이 늘 상상해 온 삶을 살 수 있도록 만들라!

삶과 행복에 대한 믿음

- 왜 나는 이렇게 행복할까?
- 왜 나는 충분히 좋은 사람일까?

- 왜 나에게는 좋은 일이 생길까?

- 왜 나는 내가 이 세상에 있는 이유를 알까?

- 왜 나는 내 인생의 목적을 알까?

- 왜 나는 내 인생의 목적을 아는 것이 즐거울까?

- 왜 나는 내 인생의 목적대로 살까?

- 왜 나는 내가 진정으로 누구인지 알까?

- 왜 나는 나인 것이 이렇게 편안할까?

- 왜 신은 나를 완벽하게 만드셨을까?

- 왜 나는 늘 당당하게 '진정한 나'로 살아갈까?

- 왜 나는 내 인생의 목적대로 살면서 좋은 일만 경험할까?

- 왜 나는 '진정한 나'를 표현하면서 좋은 일들을 만들어 낼까?

- 왜 나는 내가 진정으로 원하는 삶을 완벽하게 살아낼까?

- 왜 나는 내 인생의 목적을 완벽하게 살아낼 수 있을까?

- 왜 신은 나에게 인생의 목적대로 살 능력을 주셨을까?

- 왜 나는 마땅히 되어야 할 사람이 되고 있을까?

- 왜 나는 나 자신을 좋아할까?

- 왜 나는 나 자신을 사랑하는 것이 즐거울까?

- 왜 나는 '진정한 나'로 살아갈까?

- 왜 나에게 꼭 맞는 사람이 내게로 다가올까?

- 왜 나에게는 기회가 이토록 빠르고 쉽게 올까?

- 왜 크게 성공한 사람들이 나를 소중히 여기고 인정할까?

- 왜 신은 내 모습 이대로 완전하게 하셨을까?
- 왜 나는 나의 친구와 가족과 동료의 인정을 받을까?
- 왜 나는 '진정한 나'로 사는 것이 가능할까?
- 왜 나는 내가 원하는 모든 것을 할 수 있는 시간과 돈과 에너지를 충분히 가지고 있을까?
- 왜 나는 이렇게 운이 좋을까?
- 왜 나는 이토록 큰 축복을 받은 걸까?
- 왜 나는 날마다 이렇게 감사할까?

건강한 생활 습관

- 왜 나는 '진정한 나'를 받아들일까?
- 왜 다른 사람들이 '진정한 나'를 좋아할까?
- 왜 나는 '진정한 나'를 감추지 않고 당당히 드러낼까?
- 왜 나는 나 자신과 다른 사람들의 가장 좋은 점을 볼까?
- 왜 나는 나의 가치와 소중함을 발견하고 그것을 있는 그대로 받아들일까?
- 왜 나는 나 자신을 사랑할까?
- 왜 신은 오늘도 나를 축복하실까?
- 왜 나는 나 자신을 용서할까?

- 왜 나는 조화와 균형을 누리며 살아갈까?

- 왜 나는 과거를 쉽게 내려놓을까?

- 왜 나는 내 삶에서 만나는 사람들을 있는 그대로 받아들일까?

- 왜 나는 옳은 것보다 행복한 것이 더 중요할까?

- 왜 나는 사랑의 유산을 남길까?

- 왜 훌륭한 사람들이 나에게 모일까?

- 왜 내 주변에는 사랑의 거울이 많을까?

- 왜 나는 사람들을 변화시키려고 하지 않을까?

- 왜 나는 내 삶이 감사할까?

- 왜 나는 현재의 나와 현재 내가 가진 모든 것이 감사할까?

- 왜 나는 "내가 잘못했습니다."라고 말할 수 있을 만큼 강할까?

- 왜 나는 내 삶에 주신 선물에 대해 신께 감사할까?

- 왜 나는 크고 새로운 기회들을 탐구하고 발견할까?

- 왜 오늘은 나의 삶 중 최고의 날일까?

- 왜 나는 과거를 받아들이고 현재를 감사하며 더 나은 미래로 나아갈까?

- 왜 나는 원하는 결과를 얻기 위해 즉시 새로운 행동을 취할까?

- 왜 나는 진정으로 풍성한 삶을 살아갈까?

PART 4.

다음 단계

17

내가 걸어온 인생 이야기

"앞을 내다보면 점들을 이을 수 없다.
뒤를 돌아볼 때만 당신이 지금까지 찍어 온 점들을 이을 수 있다.
그러므로 당신의 미래에는 점들이
어떻게든 연결될 것을 믿어야 한다.
당신은 무엇이든(직감이든 운명이든 업보든 생명이든)
믿어야 한다.
이 방법은 나를 실망시킨 적이 없었고
내 삶의 모든 변화를 만들어 냈다."

– 스티브 잡스

전부터 수많은 점이 있었다.

나는 뉴저지에서 수십 년 만에 최악의 폭설이 내리던 날에 태어났다 (나는 존 본 조비, 브루스 스프링틴 등과 가든 스테이트[뉴저지 주]의 유산을 공유한다. 헌정 공연을 생각 중이다). 다행히 우리 부모님은 내가 2주나 빨리 태어났는데도 시간에 맞춰 병원에 도착하셨다. 부모님은 첫째인 형이 쉽게 태어났기 때문에 둘째 아기도 식은 죽 먹기라고 생각했다고 말씀하셨다. 하지만 예상치 못한 모닝콜을 받으셨다!

나의 형은 말처럼 건강했지만 나는 심히 병약했다. 합병증이 꼬리를 물고 나타났다. 태어날 때부터 체중 미달이어서 인큐베이터에 들어가야 했고, 배탈이 심해서 끊임없는 돌봄과 치료를 받아야 했다. 다리도 기형이어서 포레스트 검프처럼 부목을 사용해야 했다.

그래서 부모님과 나는 험난한 출발을 했다. 아버지가 맨해튼의 편안한 광고회사(급여도 많았다)를 그만두시고 메인주 케네벙크포트 오지에서 여름 극장 설립을 돕기로 했을 때(급여가 적었다) 내가 태어난 것부터 그리 좋은 상황이 아니었다.

내가 18개월 정도 되었을 때에는 학교 교사인 고모가 내가 할아버지 집 서재 바닥에 앉아서 책을 읽고 있는 모습을 발견했다. 보통 책이 아니라 『세계 연감』이었다. 나이가 어린 사람은 잘 모르겠지만 글과 사실, 그림, 도표, 그래프가 아주 많은 백과사전 같은 책이었다. 어린 아기에게는 정말 흥미로운 것이다.

고모는 어머니께 "애가 책을 읽고 있는 걸 아세요?"라고 물었다.

어머니는 전직 학교 교사였는데도 그것이 믿어지지 않았다. 그렇게 어린 나이의 아이가 책을 읽는 것을 본 적이 없었기 때문이었다.

학교생활을 하면서도 나는 늘 "그런 아이"였다. 수업 시간에 혼자 답을 알아서 항상 손을 드는 아이를 아는가? 내가 바로 그런 아이였다 (해리포터를 좋아한다면 헤르미온느를 떠올리면 된다). 숙제를 다 하고 선생님이 원하는 대답을 해서 다른 학생들이 눈을 굴리며 쳐다보는 그런 아이 말이다. 덕분에 나는 다른 몇 가지 좋은 이름과 함께 "선생님의 애완동물"이라는 말을 여러 차례 들었다.

중학교 2학년 때 선생님은 부모님께 "이 아이에게는 더 가르칠 것이 없습니다. 월반해서 바로 고등학교로 가야 할 것 같습니다."라고 하셨다. 그래서 부모님과 나는 유치원 때부터 함께해 온 친구들을 떠나 고등학교에 들어갔다.

당시 나는 얼굴에 여드름이 가득하고, 두꺼운 안경을 썼고, 머리카락은 어깨까지 넓게 퍼져 있었다(얼마나 괴상한 모습일지 상상이 되는가?) 그리고 그때쯤 발레 레슨을 받기 시작했다.

대체 무슨 말이냐고?

내가 깜빡하고 하지 않은 이야기가 있다. 내 다리가 기형이어서 부목을 의지해 걸었다고 한 것을 기억하는가? 그것 때문에 의사 한 분이 댄스 수업을 받아서 다리를 강하게 하여 자세 교정을 하면 좋겠다고 부모님께 권했다. 그때쯤 나는 진 켈리와 프레드 애스타이어가 나오는 영화를 보았다. 그들은 탭댄스를 정말로 멋지게 추었다. 그 모습을 보며 나는 '와, 나도 저렇게 하고 싶어.'라고 생각했다.

어머니는 나를 댄스 학원의 탭댄스 과정에 등록시키셨다. 첫 번째 댄스 교사는 '존 미엘레'라는 재능 많은 분이었는데, 그는 친절하게 다리 힘을 강화하여 자세를 교정하는 운동을 시키셨다. 아주 재미있었다. 탭댄스 신발로 내는 소리도 무척 좋았다!

몇 년 후 존은 발레를 해 보라고 제안했다. 발레는 댄스의 기초이므로 다리를 더욱 강하게 하는 데 도움이 될 거라고 했다. 그 말에 나는 "절대로 나는 타이츠를 입지 않을 거예요."라고 대답했다.

그러나 존이 계속 권하는 바람에 결국 동의하고 말았다. 그때까지 나는 존 선생님과 두세 명의 아이들로 구성된 탭댄스 수업만 들었다. 여자아이들이 있는 댄스 수업에는 한 번도 들어가 본 적이 없었다!

그래서 나는 열다섯 살의 나이로 처음 발레 수업에 들어갔을 때, 몸에 딱 붙는 타이츠를 입고 머리를 뒤로 묶어서 늘어뜨린 예쁜 여자아이 20명이 발레 바 앞에 서 있는 것을 보고 깜짝 놀랐다. 그들은 내게 미소를 보냈고 나도 미소를 보냈다.

20명의 여자아이와 나 한 사람.

나는 '괜찮은데?'라고 생각했다.

그렇게 해서 나는 고등학교 내내 발레를 배우게 되었다. 고등학교를 졸업하고 1년간 대학에 다닌 후, 나는 대학을 그만두고 직업적인 발레리노가 되기로 했다. 예술보다는 돈을 더 생각한 결정이었다. 남자 댄서는 별로 없었기 때문에 전국 어느 발레단에든 취직할 수 있을 거라는 생각이었다. 또 대학은 언제든 다시 돌아가서 학위를 받을 수 있지만 발레리노는 활동할 수 있는 기간이 짧다는 생각도 했다. 결국 나는 동부 연안에 있는 몇몇 발레단에 취직했다. 하지만 늘 가난하고 비참했다.

어떤 곳에서는 주급 150달러를 주었다. 이때가 1980년대 중반이었으니 말 그대로 적은 돈이었다. 당시 나는 '팝 타르트와 진저에일'을 먹고 살았다. 달리 방법이 없었기 때문이었다.

뿐만 아니라 직업 발레리노의 일과는 정말 끔찍했다. 시즌에는 주 7일 동안 일을 했는데 오전에는 레슨, 오후에는 리허설, 그리고 저녁과 주말에는 공연을 하는 일정으로 늘 녹초가 되었다. 하지만 몸에 가해지는 그 형벌은 본질적으로 스스로 택한 고문이었다. 나의 발레 교사 한 분은 발레를 가리켜 "사회가 용인하는 고문"이라고 말할 정도였다(중세의 고문 도구를 생각하면 딱 맞는 말이다).

왜 우리(동료 공연자들과 나)는 이 모든 것을 감내할까? 다른 사람은 몰라도 나에게는 단 한 가지 이유, 즉 '대중 앞에서 공연할 기회' 때문이었다. 중력을 거스르고 공중으로 날아오를 때나 힘들이지 않고 회전할 때 느끼는 기분은 세상 어디서도 찾을 수 없는 것이었다. 그 기분은 세상에서 소수만이 경험할 수 있는 것이다.

하지만 그런 땀과 희생과 노력에도 불구하고 나는 유명한 댄서가 되지 못했다. 나는 너무도 순진해서 발레단의 무대 뒤에서 이루어지는 정치놀음을 이해하지 못했다. 종종 다른 사람이 영광을 누리는 동안 구석에 앉아서 그 모습을 지켜보아야 했다.

댄서의 삶은 거의 신체적인(정서적인 고통은 말할 것도 없다) 고통의 연속이었다. 동료들과 나는 이를 현실로 받아들였다. 이 고통은 대체로 나빴고, 어떤 때에는 정말 심했다.

시간이 흐르면서 나는 그 나쁜 고통이 마침내 견딜 수 없을 정도로 심각해졌음을 알게 되었다. 어느 날 저녁, 정말 아름답고 힘든 작품인 〈카르미나 부라나〉(Carmina Burana)를 공연하는 무대에서 들어 올리는 동작을 하는데 엉덩이에서 뭔가 '뚝' 하는 느낌과 소리가 들렸다. 그것은 나의 댄서 직업의 끝을 알리는 것이었다.

나는 21세로 돈도 인맥도 사업 경험도 없었고, 또 남은 생을 어떻게 살아야 하는지도 몰랐다.

먹고 살 방법을 찾아야 했기에 생존을 위해 수많은 일을 해 보았지만 이전보다 더 비참해지기만 했다. 그래서 직업 댄서가 될 수 없다면 연기를 할 수 있을 거라는 생각을 하고 영화배우가 되기 위해 할리우드로 갔다.

1977년형 뷰익 리비에라 승용차에 나의 모든 짐을 싣고 메인주에서 캘리포니아로 차를 몰았다. 주머니에 있는 돈은 600달러도 안 되었지만 부푼 꿈을 꾸면서 말이다.

다행히 로스앤젤레스에 먼저 와 있던 고등학교 친구가 있어서 내가 있을 곳을 구할 때까지 그 집 소파에서 잘 수 있었다. 배우 일을 어떻게 찾아야 할지 구체적인 아이디어가 없었던 나는 도서관으로 가서 그 분야에 관한 책을 읽었다. 책에서는 이력서를 잘 다듬고 사진을 준비하라고 했다. 나는 그 말이 무슨 뜻인지도 몰랐다!

오디션을 받기 위해 이곳저곳으로 돌아다녔다. 그러나 할리우드는 나의 연기에 감동하지 않았다. 매일 "감사합니다만 우린 다른 방향으로 결정했습니다."라는 거절의 말을 들었다. 그런 말을 들으며 나는 작은 아파트에서 겨우 살아가며 돌파구를 찾고 있었다.

1991년 어느 날 드디어 때가 왔다는 확신이 들었다. 어린이를 위한 순회공연 오디션을 받았는데, 객석에 앉아 있던 프로듀서가 내가 오디션을 장악하는 모습이 좋다고 했다. '됐구나!' 집으로 돌아온 나는 운명의 전화가 오기를 기다렸다.

며칠 후 전화가 왔다. 그 전화였다!

"여보세요?"

"감사합니다만, 우리는 다른 방향으로 결정했습니다."

전화를 끊고 자살하기로 결심했다. 그렇게 말을 하지는 않았지만 그런 생각이 들었다.

전혀 모르는 사람에게서 그런 거부의 말을 들었을 때, 나는 이번 생은 살 만큼 살았다고 생각했다. 나는 늘 빈털터리였고, 행복했던 순간이 거의 없었으며, 거의 늘 분노와 고독, 두려움 속에서 살았다. 그래서 자살하기로 결심했다.

그런데 문제가 있었다. 권총이 없었다. 그래서 권총 없이 자살하는 방법을 생각했다. 차고 문을 닫은 채 차의 시동을 걸어 놓으면 차에서 나오는 배기가스 때문에 죽게 된다는 이야기가 기억났다. 그래서 그렇게 죽기로 했다.

하지만 또 다른 문제가 있었다. 나에겐 차고가 없었다. 내가 사는 아파트에는 옥외 주차장만 있었는데, 개방된 공간에서는 질식사가 불가능했다.

그래서 차를 몰고 나가 인근을 돌면서 문이 열린 차고를 찾아 들어가서 문을 닫고 자살하기로 했다.

어떻게 된 줄 아는가? 약 15분 후 나는 낯선 거리의 문이 활짝 열린 차고 앞에 차를 세웠다. 이제 차를 몰고 안으로 들어가서 문을 닫고 눈을 감으면 되는 것이었다.

거절의 전화를 받은 때부터 그 순간까지 나는 매우 침착했다. 전혀 흥분하지 않았다. 화가 나지도 않았다. 자살을 결심한 그 순간의 내 정신은 수정처럼 맑았다. 마치 내 마음의 스위치가 꺼진 것 같았다. 그렇게 하기로 받아들이자 별거 아니라는 생각이 들었다. 마치 식료품 가게에 가는 것처럼 간단한 결정이었다.

그러나 내가 하려고 하는 일의 실체를 보고 잠시 멈칫했다.

"당신이 하려는 일을 생각해 봐."

누군가가 나에게 이렇게 말하는 것 같았다.

"정말 그렇게 하길 원해?"

그때 그것이 보였다. 나의 생명을 살린 그것 말이다.

차고 구석에 세워져 있던 어린이 자전거였다. 흰색 안장과 손잡이가 있었다. 어릴 때 탔던 내 자전거와 똑같은 것이었다. 그래서 생각했다.

'잠깐만, 이 집은 버려진 집이 아니야. 분명 한 가족이 살고 있어. 그들이 집에 돌아와서 차고 안에 시체가 있으면 어떻게 될까?'

마음속에 한 여자가 집으로 돌아와 겁에 질려 소리를 지르는 모습이 그려졌다. 옆에 있는 남자가 그 여자를 달래려고 하지만 여자는 진정하지 못하고 계속 울었다. 옆에는 자전거 주인인 아이가 서 있었다. 무슨 일인지 이해하지 못하고 다만 뭔가 끔찍한 일이 일어났다는 것만 직감하는 듯했다. 내가 하려는 이 끔찍하고 이기적인 행위가 한 가족을 평생 트라우마에 시달리게 할 것이라는 생각이 들었다.

그들에게 이런 일을 해서는 안 된다는 깨달음이 왔다. 그들이 누구인지는 모르지만(끝까지 모르겠지만), 내가 하려는 행위가 그들에게 온당하지 않다는 생각이 들었다.

차를 돌려서 집으로 왔다. 그것이 내가 마지막으로 자살을 생각해 본 때였다.

집에 도착한 후 샤워를 했다. 무슨 이유인지 깨끗하게 씻고 싶었다. 샤워기 아래에서 특별히 누구를 생각하지도 않고 이렇게 말했다.

"좋아요, 하나님, 이유는 모르지만 당신은 나를 살려 주셨습니다. 저의 남은 삶을 당신께 드릴 것을 약속합니다."

그 전에는 신께 그토록 많은 말을 해 본 적이 없었다. 하지만 그 순간에는 그것이 꼭 해야 할 일처럼 여겨졌다.

몇 달 후 한 친구가 자신이 다니는 교회를 소개하면서 목사님이 정말 좋은 설교자라고 했다. 내가 자랄 때 다닌 교회에서는 나는 늘 죄인이고 충분히 선하지 않아서 아무것도 할 수 없다고 가르쳤다(직업 댄서로 일하면서 그 믿음이 더욱 강화되었다. 충분히 선한 일을 한 적이 없었기 때문이다). 그래서 나는 마치 칠면조가 추수감사절을 싫어하듯 교회로 돌아가는 것이 싫었다. 하지만 그 교회에는 한 번 가 보기로 했다.

나는 노스 할리우드 종교과학교회로 가서 신과 인간의 본질에 대한 목사님의 설교를 들었다. 목사님은 "신이 계시지 않는 곳은 아무 데도 없다"고 했다.

그러면서 "신과 당신은 하나다."라고 했다.

또 "신은 당신이 있는 그곳에 계십니다."라고 했다.

이전에는 그런 말을 들어 본 적이 없었다. 어릴 때 배운 신은 나를 좋아하지 않을 뿐 아니라 나를 인정하지도 않고 내가 하는 일을 기뻐하지도 않는다고 배웠다. 신이 실제로 바로 여기에 계시며, 나를 좋아한다는 이야기는 들어 본 적이 없었다!

나는 그 교회의 성경공부 모임에 들어가서 종교과학(마음의 과학) 교회의 창시자인 어니스트 홈즈 박사의 가르침을 배우기 시작했다. 그리고 캐서린 폰더와 디팩 쵸프라 같은 형이상학 교사에 대해서도 공부하기 시작했다. 그러던 중 몇 년 전 루이지 헤이라는 저자가 필 도나휴 쇼에 출연해 생각이 자신의 삶을 만들어 내는 방법에 대해 강연했던 것이 생각났다. 그때는 그녀가 하는 말이 도무지 무엇인지 종잡을 수 없었다. 그러나 그녀의 책을 읽고 그녀의 메시지에 심취하면서 그녀가 말한 것이 이해되기 시작했다.

내 평생 처음으로 기도하는 법을 배웠고, 묵상과 일기를 시작하면서 마음을 가라앉히고 신께 귀를 기울이는 법을 익혔다. 어쩌면 이것이 일부에게는 끔찍하게 들리겠지만, 그때까지 나는 나 자신의 감정과 의견으로부터 단절되어 있어서 그냥 다른 사람들이 하라는 대로 했음을 이해해 주기 바란다. 그제야 비로소 나는 처음으로 나 자신에게 진정으로 원하는 것을 묻게 되었다.

어느 날 기도하다가 신께 나의 인생으로 무엇을 하기 원하는지 물어보기로 결심했다. 어떤 대답이 나올지 예상하지 못했지만, 이후에 일어난 일은 내가 전혀 기대하지 않았던 것이었다. 질문을 한 후에 "메인주로 돌아가라"는 음성을 들은 것이다. 그 음성은 내 머릿속에서 나왔지만, 이제까지 들어 온 말처럼 분명했다.

"메인주로 돌아가라"는 말은 들은 후 곧바로 든 생각은 '지금 농담하십니까?'였다.

거의 10년 동안 뉴잉글랜드에 살지 않았기에 그곳으로 돌아갈 것을 생각만 해도 끔찍했다. 그래서 그건 어리석은 생각으로 여기고 그 음성을 무시하려고 했다.

그러나 조용히 앉아서 기도하거나 묵상을 할 때는 어김없이 "메인주로 돌아가라"는 음성이 들렸다. 만일 내 인생이 한 편의 영화라면 〈신과 나눈 대화〉와 〈꿈의 구장〉을 합친 것이 될 것이다.

그 음성을 무시하려고 할수록 더욱 끈질기게 들려오는 것 같았다.

이것에 대해 일기를 쓰기 시작하면서 나는 점점 더 내가 진정으로 로스앤젤레스에 살기를 원하지 않으며 그곳에서 사는 목적은 다 끝났다는 생각이 들기 시작했다. 그래서 나로서는 전혀 말도 안 되는 일을 하기로 했다.

차와 가구를 비롯하여 대부분의 소유물을 팔고 메인주로 돌아갔다. 함께 일하는 사업 파트너의 도움으로 나의 재능과 기술을 사용할 수 있는 방법을 더 잘 이해하게 된 후, 대학으로 돌아가 학위를 마무리하기로 하였다. 두 번째 대학에서는 종교학을 전공하기로 하고 대학 교수가 되거나 목사가 될 생각을 했다.

그렇게 해서 1997년 4월 24일 그 대학 기숙사에 들어가게 되었고, 모든 것을 변화시킨 그 샤워를 경험하며 어포메이션을 발견하게 되었다.

그 발견 직후, 나는 두 가지 생각을 했다. 첫 번째 생각은 '와 이거 정말 대단하다!'였고, 두 번째 생각은 '지금까지 아무도 이런 생각을 하지 않았다니 믿을 수 없어!'였다.

그런 다음 컴퓨터 앞에 앉아서 나의 첫 어포메이션을 썼다.

왜 나는 이대로 충분한가?

왜 나는 이토록 부유한가?

왜 나는 내가 원하는 대로 할 수 있는가?

이전에는 생각해 보지 않은 것이었다. 그다음으로 머릿속에 떠오른 것은 '이제 무엇을 해야 하는가?'였다. 이때가 1997년이었음을 기억하기 바란다. 블로그와 쇼셜미디어가 나오기 전이었고, 심지어 구글도 겨우 한 달 전에 나왔을 때다.

내가 발견한 것을 구체적으로 어떻게 활용해야 할지 전혀 알 수 없었다. 그러던 중 그해 10월 20일, 내 삶을 변화시킨 두 번째 발견인 성공 거식증(스스로 성공하지 못하게 자신을 거부하는 등의 행동을 보이는 상태. 나는 이를 '한 발로 브레이크를 밟은 채 인생길을 운전해 가는 것'으로 설명한다)을 발견했다.

그렇게 발견한 것은 나의 첫 책『성공을 허락하라』(Permission to Succeed) 출판으로 이어졌다. 그 후 사람들이 나에게 코칭을 요청하고, 자신의 삶과 직업, 대인 관계를 도와 달라는 부탁을 했다.

나는 내가 만든 시스템으로 많은 사람을 코칭했다. 그러자 그들 모두 놀라운 결과를 얻기 시작했고 그들 중 일부는 이 책에 소개되어 있다.

이후 나는 몇 권의 책을 더 출판했고 다시 이 나라를 가로세로로 횡단했다. 포춘 500대 기업과 전국 규모의 단체에서 기조 강의를 하고 워크숍을 이끌기도 했다. 그렇게 나는 마침내 내가 세상에서 해야 할 일을 발견하게 되었다.

하지만 아직도 못하고 있는 것이 있다. 아직 나의 삶이나 사업을 위한 올바른 시스템을 마련하지 못했다. 아직도 엉뚱한 사람을 신뢰하고 내면의 지식에 귀를 기울이지 않는다. 또 그릇된 대인 관계로 수만 달러를 손해 보기도 한다. 결국 그 관계를 청산했지만 그러는 동안 4만 달러 이상의 빚을 지고 다시 아버지 집으로 들어가 지하실에서 일을 해야 했다.

황당하고 부끄럽고 모든 사람을 실망시키는 것 같았다. 그러나 나 스스로 내가 원하지 않은 삶을 내가 만들었다면, 내가 원하는 삶도 만들 수 있다는 것을 깨달았다(우리 자신이 배운 것을 삶에 적용할 때 일어나는 일들이 놀랍지 않은가?).

나는 나를 위해 새로운 현실을 만들어 내기로 했다. 먼저 사람들에게 엄청난 가치를 제공하는 데 집중하기 시작했다. 내가 만든 상품과 서비스를 묶어서 실제로 이익을 창출하는 방법을 익혔다. 가장 중요한 것은 매일 저녁 잠자리에 들기 전 내 삶에서 감사한 모든 것을 쓰기 시작했다는 것이다.

처음에는 이렇게 시작되었다. '만질 수 있는 손이 있어서 감사하다. 볼 수 있는 눈이 있어서 감사하다. 들을 수 있는 귀가 있어서 감사하다. 전신으로 피를 보낼 수 있는 심장이 있어서 감사하다.'

진부하다고? 그럴 수 있다. 그러나 그 외에는 감사할 것이 없었다. 당시 나에게는 돈이 하나도 없었고 산더미 같은 빚만 있었다. 부모님의 집 지하에서 일하고 있었다. 하지만 그 경험을 통해 외부의 환경이 어떠하든 감사를 선택할 수 있음을 배우게 되었다.

천천히, 그러나 확실하게 모멘텀이 쌓이기 시작했다. 내가 하는 일에 대한 소문이 퍼져 나갔다. 더 많은 사람들이 친구들에게 내 일을 소개하기 시작했고, 그 친구들이 새로운 고객이 되었다.

돈이 들어오면 저축했다. 부모님의 집으로 이사한 지 6개월 만에 이사할 돈을 저축하여 내 집을 얻었다. 1년 안에 모든 빚을 갚고 빚이 하나도 없는 사람이 되었다.

2년 후에는 세계 최대의 출판사와 10만 단위의 인세로 출판 계약을 하고 처음으로 베스트셀러 저자가 되었다. 문자 그대로 나는 이 방법을 사용하여 24개월 만에 지하실 외톨이에서 베스트셀러 저자가 되었다!

마흔 살 생일 한 달 후, 나는 오하이오 동부의 작은 동네로 이사했다. 그곳으로 이사하기 전에는 미국 지도에서 오하이오주가 어디에 있는지도 몰랐다. 그러나 한 친구가 그곳으로 이사하라고 설득했다. 자기가 거기 사는데 그곳에서 사는 것이 즐겁다는 것이었다. 그래서 동의했다.

얼마 후 친구는 자기 친구 한 사람을 소개했고, 그 사람은 나에게 '바베트'라는 이름을 가진 금발의 예쁜 여자를 소개해 주었다. 얼마 후 나는 용기를 내어 그녀에게 데이트를 신청했다. 데이트를 하면 그녀의 마음을 사로잡을 수 있을 거라고 생각했기 때문이었다. 그러나 마음을 사로잡은 것은 내가 아니라 그녀였다!

바베트와 나는 2011년 4월 30일 성대한 결혼식을 올렸다. 내가 어포메이션을 발견한 지 약 14년쯤 될 때였다. 가족과 친지들이 모인 결혼식에서 나는 이런 축사를 했다.

"당신이 나를 있는 그대로 사랑해 주었기 때문에 나는 더 나은 사람이 되려고 노력하게 되었습니다."

이 말을 하면서 나는 울었다!

마흔 살때부터는 내 인생 최고의 날들을 보내고 있다. 바베트가 나의 사랑의 거울임을 발견했기 때문이다(사랑의 거울이란 나를 믿어 주고 또 내가 할 수 있다고 생각하는 것 이상을 할 수 있음을 믿게 만드는 사람이다). 지금까지 사랑의 거울의 필요성에 대해 10년 이상 글을 쓰고 사람들을 가르쳐 왔지만, 그녀가 내 인생으로 들어온 후에야 비로소 나의 사랑의 거울을 찾았던 것이다.

요즘 우리 부부의 삶에는 친구와 가족, 웃음과 사랑이 넘친다. 내게는 나를 지원하는 환상의 팀과 50여 나라에 살고 있는 놀라운 고객들이 있다. 나는 전 세계에서 찾아오는 사람들을 위해 삶을 변화시키는 세미나와 마인드마스터 그룹을 인도하고 있으며, 내 책은 현재 10개국의 언어로 번역 출판되었다. 내가 쓴 글에 감사하는 사람들로부터 엽서와 편지, SNS를 받고 감사하고 있다. 그들은 영어를 사용하는 북아메리카 사람들로부터 내가 모르는 언어를 사용하는 나라에서 살고 있는 사람들까지 매우 다양하다!

문제도 있을까? 당연하다. 삶이란 그런 것이다. 그러나 내 인생 초기의 고통과 공허함에 비하면 아무것도 아니다. 내가 할 일은 과거를 돌아보면서 "전능하신 신이시여, 지금의 나는 과거의 내가 아님을 감사합니다."라고 하는 것이다.

지금도 나는 매일 저녁 신이 내 인생에 주신 선물에 대해 감사드린다. 단지 손발과 눈, 귀, 심장에 대해서만 감사하는 것이 아니라 아름다운 아내, 멋진 집, 환상적인 지원 팀, 좋은 친구들, 마인드마스터 학생들, 전 세계 수십만의 고객들에 대해서도 감사한다. 여러분 모두를 사랑한다!

나의 이야기를 통해 당신이 지금 어떤 문제를 안고 있든 상관없이 길이 있음을 아는 데 도움이 되길 바란다. 과거를 내려놓고, 최고의 미래를 향해 나아가기로 하고, 진정한 당신이 되어 새로운 행동을 하면 된다.

나는 당신이 그렇게 하도록 돕고 싶다.

18

더 풍요로운 삶을 위한 28일

**"좋은 질문에는 답이 주어지지 않는다.
그것은 제자리에 넣고 조여야 하는 볼트가 아니라
아이디어라는 숲을 가꾸려는 희망을 향해 심고
또 더 많은 씨를 맺어야 할 씨앗이다."**

– 존 시아디

이 책을 쓴 목적은 당신이 삶과 직업, 대인 관계에서 충분히 성공하도록 돕기 위해서다. 더 행복해지고, 더 건강해지고, 더 부유해지고,

또 당신이 꿈꾸는 풍요로운 삶을 만들도록 도와주려는 것이다. 그렇다면 이 책을 다 읽은 지금 당신은 무엇을 하고 있는가?

진정으로 당신이 원하는 결과와 유익을 얻기 원한다면, '2부－어포메이션 방법'에서 소개한 것들을 실천해야 한다.

1부에서는 어포메이션이 무엇인지 소개했다. 그것은 이제까지 내가 본 것 중에서 당신이 원하는 것을 더 빨리, 더 쉽게, 더 적은 노력으로 성취하는 가장 효과적이고 쉬운 방법이다.

여기서 나는 당신이 이미 하고 있는 일을 택하여 질문을 하고 몇 가지 간단한 변화를 줌으로써 당신이 늘 원하던 삶을 만드는 방법을 보여 주었다.

2부에서는 당신의 삶을 변화시킬 수 있는 힘을 주는 어포메이션을 만드는 네 단계를 공부했다. 이 단계를 매일 실천하기 바란다. 그러면 머잖아 삶을 완전히 다르게 바라보게 될 뿐 아니라 새롭고 건강한 습관, 즉 새로운 삶과 일과 존재의 습관을 계발하게 될 것이다.

3부에서는 수백 가지의 어포메이션을 제공하여 삶의 중요한 영역 열 가지에서 새롭고 바람직한 현실에 이르도록 도왔다.

물론 진정으로 변화를 원하고, 또 그것이 지속되기 원한다면 새로운 어포메이션을 매일 실천함으로써 뇌를 변화시켜야 한다. 즉 어포메이션을 읽고 생각하고 말하는 데 그치지 않고 실제로 행동해야 한다.

머릿속에서 '난 할 수 없어.' '너무 어려워.' '시간이 없어.' 등의 내면의 작은 소리를 경계해야 한다.

세미나와 마인드마스터 프로그램에서 설명하는 것처럼 그것은 당신의 부정적인 생각이 하는 말로, 당신이 긍정적인 변화를 일으킬 수 없다고 말하는 것이다. 부정적인 생각이 하는 일은 당신이 지금 있는 곳에 머물게 하는 것이다. 부정적인 생각이 가장 두려워하는 것이 바로 변화이기 때문이다. 거기에 귀를 기울이지 말라. 원리를 따르라. 그러면서 새로운 삶이 시작되는 것을 보라.

모든 것을 변화시킨 그 샤워 이후, 나는 이 가르침을 더 나은 삶을 원하면서 기꺼이 행동하여 변화되기 원하는 많은 사람에게 전하는 것이 나의 사명임을 깨달았다. 그래서 나의 사명은 2020년까지 2천만 명에게 어포메이션 사용법을 가르치고, 더 나은 삶을 원하는 사람들이 진정한 풍요와 평화, 기쁨에 이르는 길을 찾도록 돕는 것이다.

'난 할 수 없어.'
'너무 어려워.'
'시간이 없어.' 등의
내면의 소리를
경계해야 한다.

현재 나는 세미나와 마인드마스터 그룹을 통해 사람들의 삶을 빠르고 항구적으로 변화시키는 축복을 누리고 있다.

이제 당신은 어포메이션 사용법을 알았으므로, 머릿속에 있는 쓰레기를 쏟아 버리고 진정으로 풍성한 삶을 살게 하는 원리를 배워 더 큰 변화를 이루기 바란다.

이 원리는 내가 새롭게 개발하고 개선한 〈어포메이션 시스템: 더 풍요로운 삶을 위한 28일〉이라는 프로그램이다.

여기까지 읽었다는 것은 당신이 똑똑하고, 재능 있으며, 성공을 향한 동기가 크다는 것을 의미한다.

이제까지 당신은 수많은 시간과 돈과 노력을 전통적인 '성공법'에 쏟았을 것이다.

그러나 아직 원하는 것을 이루지 못했을 것이다. 이루었다면 지금까지 이 책을 읽지 않았을 것이다!

어포메이션 시스템은 당신이 충분히 성공할 수 있는데도 성공하지 못하도록 스스로 억제하는 이유를 보여 주고, 또 앞으로 28일 안에 더 풍요로운 삶을 만들 수 있는 단순하고 실제적인 도구를 제공한다.

어포메이션 시스템이란?

어포메이션 시스템은 내가 개발한 프로그램 중 가장 인기가 많은 재택 공부 프로그램이다. 이 프로그램을 통해 28일 안에 현재보다 더욱 풍요로운 삶을 만드는 데 필요한 모든 도구와 단계, 전략을 집이나 사무실에서 편하게 받을 수 있다.

어포메이션 시스템의 대상

이 프로그램은 다음과 같은 사람들을 위한 것이다.

- 사업을 빨리 성장시키고 문제에서 영원히 벗어나기를 원하는 기업가
- 머릿속에 있는 쓰레기를 쏟아 버리고 진정으로 풍요로운 삶을 살기 원하는 사람
- 자신의 가치관과 영적 지침에 충실하면서 더 많은 고객을 확보하기 원하는 사업가
- 돈을 더 많이 벌면서 가족이나 친구들과 함께하는 시간을 더 많이 갖기 원하는 사람
- 흡연, 과식, 과소비, 미루기 등의 나쁜 습관을 버리기 원하는 사람
- 내가 진행하는 고가의 코칭과 마인드마스터 그룹에서 가르치는 기법과 전략을 배우기 원하는 사람

어포메이션 시스템의 내용

삶을 변화시키는 이 시스템에는 다음과 같은 것이 포함된다.

- 단계별 비디오 강의와 오디오 가이드
- PDF 파일로 다운로드할 수 있는 어포메이션 가이드북 전체
- 전 세계 어포머들을 만나고 네트워크할 수 있는 개인 온라인 마

스터마인드 접근권

- 개인 성장과 사업 발전에 관련된 최고의 사상가들과의 단독 인터뷰
- 다른 일을 바쁘게 하면서 잠재의식적인 사고방식을 변화시키는 〈더 많은 돈 끌어당기기 아이어포메이션 오디오〉
- 엘리트 코칭 세션과 전 세계 고객의 개인적 Q/A 녹음 자료
- 500달러 상당의 특별 보너스 자료 등

당신이 얻게 될 유익

이 프로그램은 당신에게 다음과 같은 도움을 줄 것이다.

- 뇌 속의 풍요 스위치를 부정적인 것에서 긍정적인 것으로 전환시킨다
- 머릿속으로 쓰레기가 들어오거나 외부 영향으로 부정적인 프로그래밍이 되지 않도록 뇌를 보호한다
- 당신이 늘 꿈꾸던 풍요로운 삶을 실현한다
- 집중하지 않는데도 원하는 것을 자동적으로 이끌어 낸다
- 완벽한 기계처럼 돈과 풍요를 당신에게로 끌어온다
- 마음속 깊은 소원을 자동적으로 이루어지게 한다

그 결과 당신은 다음과 같이 될 것이다.

- 어떤 상황에도 흔들리지 않는 자신감을 얻는다
- 꿈꾸던 풍요로운 삶을 자석처럼 끌어들인다
- 걱정, 염려, 스트레스 없이 당신의 가장 깊은 소원을 이룬다
- 지난 10년 동안 소유해 온 것보다 더 많은 돈과 더 많은 건강, 더 많은 사랑, 더 많은 행복, 더 많은 성취감을 28일 만에 이루는 법을 발견한다

이 프로그램에 대한 사람들의 평가

"노아의 프로그램을 사용한 후부터 수입이 세 배가 되고, 개인적인 관계가 새로워졌으며, 삶의 차원이 달라졌다. 이 모든 것이 12개월 만에 이루어졌다."

— 카리 머피(라디오 진행자)

"노아, 당신이 내게 해 준 모든 일에 대해 아무리 감사해도 충분하지 않습니다. 한 달도 되지 않아 꿈으로만 꾸던 사람이 되었습니다. 대인 관계, 돈 문제, 직업 문제를 해결했습니다. 감사합니다."

— 믈라덴 밀리치(스위스 취리히의 독자)

"제 사업이 성공할 수 있도록 도와주셔서 감사합니다. 제 사업은 바닥에서 시작하여 넉 달 만에 10만 달러 이상으로 폭증했습니다. 당신의 변혁적 비즈니스 전략 덕분입니다."

– 조지나 스위니(기업가)

"노아의 어포메이션 시스템 덕분에 저는 무일푼에서 6개월 만에 여섯 자리 수입을 얻게 되었습니다."

– 수전 세레이코(TV 프로듀서)

지금 해야 할 일

www.HavingAbundance.com으로 들어가 나의 가장 인기 있는 코스인 어포메이션 시스템 최신편을 주문하라.

19

보너스로 드리는 선물

이 책을 구입한 것에 대한 감사의 표시로 〈스트레스 해소를 위한 60초 아이어폼 오디오〉를 무료로 선물하겠다.

아이어폼 오디오는 영감을 주는 배경 음악과 함께 제작된, 힘을 주는 어포메이션이다. 이것은 당신이 다른 일을 분주하게 하는 동안에도 당신의 무의식적인 생각 패턴을 변화시킨다. 그러면 스트레스나 고민 없이 더욱 풍요롭고 행복한 삶으로 나아갈 것이다.

앞에서도 언급했지만, 아이어폼 오디오는 언제 어디서나 들을 수 있다. 식사 시간이나 운동할 때, 일할 때나 놀 때, 차 안이나 사무실에서, 혹은 노트북 앞에서, 언제 어디서든 가능하다. 실제로 많은 사람이 잠을 잘 때에도 아이어폼 오디오를 듣는다!

이것을 사용함으로써 다음과 같은 영역을 포함하여 삶의 모든 영역에서 더 낫고 더 빠른 결과를 얻을 수 있다.

- 궁극적인 부
- 궁극적인 사업 성공
- 궁극적인 자신감
- 궁극적인 사랑
- 깊고 편안한 숙면
- 스트레스 해소
- 인생의 목표대로 살기
- 그 외 다양한 목표들

"노아, 지금 내 평생 처음으로 한 명의 고객과 백만 달러 거래를 계약했다는 것을 알려 드립니다. 당신이 부유한 마음 자세를 창조하는 법을 가르쳐 준 것을 적용하지 않았다면 가능하지 않았을 것입니다."

– 로버트 스미스(일리노이주 시카고)

"안녕하세요, 노아, 저는 스트레스와 사랑, 자신감, 수면, 사업, 부, 영혼의 사명에 관한 아이어폼 오디오를 구했습니다. 이후 두 주 동안 저는 중간에 깨지 않고 잠을 잤습니다. 저에게는 섬유근육통이 있는

데 그 증세 중 하나가 불면증입니다. 다른 도움 없이 숙면을 취한다는 것은 저에게 완전히 새로운 삶입니다. 낮시간에도 덜 피곤하고 집중이 잘 됩니다. 또 저의 치료법을 홍보하기 위해 사람들 앞에서 강의를 할 수 있다는 자신감도 생기기 시작했습니다. 정말 감사합니다!"

— 클로데트 차트랜드(캐나다 온타리오)

무료로 제공하는 〈스트레스 해소를 위한 60초 아이어폼 오디오〉는 www.iAfform.com에서 구할 수 있다.

어포메이션 혁명에 동참하라

> **"성공에 이르는 세 단계**
> **1. 효력이 있는 것을 찾는다**
> **2. 그것을 모든 사람에게 말한다**
> **3. 반복한다."**
>
> – 노아 세인트 존

이제 당신은 삶을 변화시킬 수 있는, 힘을 주는 어포메이션을 만드는 법을 알게 되었다. 이제 남은 한 가지 질문은 "당신이 배운 것을 나눌 것인가, 아니면 혼자 간직할 것인가?"이다.

수년 동안 사람들에게 말해 온 것처럼, 성공에 이르는 세 단계는 배우고, 행동하고, 나누는 것이다.

첫째, 성공하기 위해 필요한 일을 배우라. 이 책을 비롯하여 내가 만든 다른 코스와 프로그램이 모두 이것을 다루고 있다.

둘째, 그 단계를 행동에 옮겨라. 아는 것과 그것을 행동에 옮기는 것은 전혀 다르다. 행동에 옮기는 것만이 당신이 원하는 풍요와 부, 성취에 이르는 유일한 길이다. 행동에 옮기는 일은 매우 중요하다!

마지막으로, 나누라. 어포메이션이 당신의 삶 일부가 되게 하는 최선의 방법은 이 책에서 얻은 당신의 '아하 모멘트'를 소셜미디어를 통해 나누고, 또 당신의 어포메이션 성공을 가족과 친구에게 나누는 것이다.

이 책을 읽고 어포메이션을 삶에 사용함으로써 경험한 것을 모든 사람과 나누기 바란다.

이 책의 메시지를 가능한 한 많은 사람에게 소개하라. 친구와 가족,

직장 동료 등 모든 사람에게 말하기로 결심하라. 그들도 책을 사서 삶을 변화시키는 여정을 시작할 수 있도록 권하라. 또 친구들에게 이 책을 선물하여 그들의 삶이 변화되게 하라.

생각해 보라. 당신뿐 아니라 다른 사람과 세상까지 변화시킬 잠재력을 가진 이 간단하면서도 강력한 아이디어를 만난 적이 있는가?

친구들에게 그들의 삶을 변화시킬 새로운 사고방식을 소개하는 것으로 끝나는 것이 아니다. 그들 또한 이 메시지를 접하는 모든 사람을 향상시키는 새로운 존재 방식을 배우게 될 것이다.

무엇이 변화를 일으키는 더 나은 방법인가? 당신이 사랑하는 사람들에게 그들의 삶을 더 낫게 만들고, 나아가 세상을 변화시키는 선물을 사용하는 법을 알려 주는 것 아니겠는가?

부디 어포메이션 혁명에 참가하여 당신의 어포메이션 성공 이야기를 우리의 공식 어포메이션 페이지(www.AfformationNation.com)에 소개해 주기 바란다.

무엇을 망설이는가?

모바일 어포메이션 앱 다운받는 법

노아 세인트 존이 설계한 어포메이션 모바일 앱은 당신의 질문과 뇌, 삶을 변화시키는 휴대용 가이드로 언제 어디서든 사용할 수 있다. 이 앱은 다음과 같은 도움이 될 것이다.

> 하루 종일 어포메이션을 즉시 기억하고 사용하게 한다.
> 부정적으로 프로그램된 사고 패턴을 긍정적으로 변화시킨다.
> 삶에 좋은 것을 끌어당길 수 있는 능력을 빠르게 증진시킨다.
> 스트레스를 낮추고 자신감을 높여 준다.
> 전 세계 어포머들과 연결시킨다.

또한 어포메이션 모바일 앱으로 다음과 같은 일을 할 수 있다.

손가락 터치만으로 힘을 주는 어포메이션을 읽을 수 있다.

친구에게 감동적인 메시지를 이메일로 보낼 수 있다.

사진과 비디오를 업로드할 수 있다.

노아 세인트 존의 강의 비디오를 볼 수 있다.

어포메이션 본부가 제공하는 최신 뉴스와 정보를 얻을 수 있다.

"당신이 더 나은 결과를 원하는 삶의 영역으로 들어가 보라. 그러면 당신의 삶에 영향을 주는 상황에 적용할 구체적인 어포메이션을 찾을 것이다. 즉시 당신 주변의 풍요를 끌어당기기 시작하라!"

– 노아 세인트 존

아이튠즈나 구글 플레이에서 다운로드할 수 있다.

감사의 글

특별히 감사드립니다.

우리의 모든 질문에 대답하시는 신.

나를 위해 희생하시며 가진 것 이상을 주신 부모님.

나의 영적 여정 초기에 영감을 준 루이스 헤이, 지금도 나는 그 시절 도나휴 쇼에서 당신을 보았던 것을 기억합니다. 어포메이션 책을 당신이 설립한 회사에서 출판한 것이 얼마나 큰 영광인지 모릅니다.

소중한 충고를 해 주고 나의 비전을 지원하여 수천만 명이 어포메이션을 통해 더 풍요로운 삶을 살도록 돕게 해 준 레이드 트레이시.

나의 친구와 조언자, 동료인 존 아사라프, 잭 캔필드, 조 비탈, 하비 맥케이, 고 스티븐 코비, 바브라 드앤젤리스, 닐 도날드 월시, 존 그레이 박사, 제이 니블릭, 게리 바녀척, 데이브 크레쇼, 닉 오트너, 마이크 필사임, 앤디 젠킨스, 게일 킹스베리, 템플 헤이스, 크리스 파렐, 애닉 싱갈, 래리 버넷, 알렉스 만도시안, 앤지 폴만, 브렌든 버차드, 캔데이스 샌디, 캐서린 포스터, 크리스 볼드윈, 크리스 번, 크리스 존슨, 댄 스트루첼, 다리우스 바라잔데, 데이비드 핸콕, 데이비드리클란, 데이느 테블리스키, 드미트리 코즐로프, 데니스 웨이틀리, 파브리지오 만치니 박사, 렌 스바르츠 박사, 프랭크 컨, 진 그래빅, 길리안 오르테가, 지나 포크, 그레이엄 화이트, 자넷 스위처, 제이슨 프렌, 제이슨 홀랜드, 제니퍼 맥클린, 제리 클라크, 질 배너, 짐 퀵, 조 수거먼, 조엘 오스틴, 존 카운슬, 존 해이처란, 조너선 필즈, 조수아 보스웰, 조이스 구초네, 줄리 모르겐슈테른, 캐슬린 듈, 키스 페라치, 킴 조지, 코디 베이트먼, 랜시 후드, 리사 사세비치, 로랄 랭마이어, 마리 스미스, 메리 글로필드, 메이엘렌 트리비, 매트 클락, 맥스 사이먼, 마이클

겝스, 마이클 니티, 팸 슬림, 레이 힉든, 릭 톰슨, 리치 세프린, 릭프리스먼, 로버트 블룸, 로버트 허쉬, 로힛 브라가야, 로이 윌리엄스, 러셀 브룬슨, 라이언 리, 사라 쇼, 스콧 짐머만, 세스 고딘, 사이먼 메인워링, 토드 더틴, 번 하니시, 빌 보우웬, 야닉 실버.

여러분이 가르쳐 주신 모든 것과 값으로 계산할 수 없는 지원에 감사드립니다.

애런 알렉시스, 새넌 바움, 다시 듀발, 패트릭 개브리시악, 게일 곤잘레스, 새넌 리트렐, 린드세이 맥긴티, 다이안 레이, 크리스티 샐리나스, 스테이시 스미스, 히더 테이트, 리첼 지지안을 비롯한 헤이하우스의 직원 모두의 끝없는 열정과 헌신된 노력으로 이 책이 전 세계 어포머들의 손에 들어갈 수 있도록 해 주신 것에 감사드립니다.

헤이 하우스의 동료 작가 게리 개빈. 당신의 비전과 격려가 이 책이 나오는 데 큰 도움이 되었습니다.

도나 프리드먼, 피터 호픈펠드, 캐서린 리더의 한결같은 헌신에 감사드립니다.

어포메이션 모바일 앱을 개발한 데미언 잠모라, 그렉 펠리, 게리 첸더스키, 세일라 파라거-젬마를 비롯한 고모바일 솔루션 팀 모두에게 감사드립니다.

수많은 어포머들, 특히 이 메시지의 능력을 믿는 수많은 코칭 고객들과 마스터마인드 수강생들께 특별히 감사드립니다.

우리가 하는 일을 지구 곳곳에 퍼뜨려 주신 것에 감사드립니다. 매일 우리가 함께 하는 멘토링이 삶을 변화시킨 이야기를 들을 때마다 힘이 되고 용기를 얻습니다. 여러분의 놀라운 성공 이야기를 들으면서 숙연해집니다. 여러분이 마인드마스터 가족이든, 온라인이나 직접 강의에 참여하는 분이든, 아니면 단순히 이 책과 어포메이션의 능력에 대해 친구들에게 전파하는 분이든 모두에게 감사드립니다. 매일 이 소식과 함께 우리가 다음 단계의 비전으로 거듭날 기회가 다가옵니다. 이제 여러분이 할 시간입니다. 함께 이 일을 이루어 냅시다!

마지막으로 바베트에게. 내가 이제까지 만난 사람 가운데서 가장 아름다운 사람인 당신에게 감사드립니다. 나를 믿어 주고 지원해 주고 지치지 않는 헌신으로 내가 우주에 흔적을 남기도록 도와주어 감사합니다. 소중한 가족과 세 아이를 사랑합니다. 당신의 남편인 것이 자랑스럽습니다.